MINERVA福祉専門職セミナー
⑭

ソーシャルワークのスーパービジョン

―人の理解の探究―

福山和女
［編著］

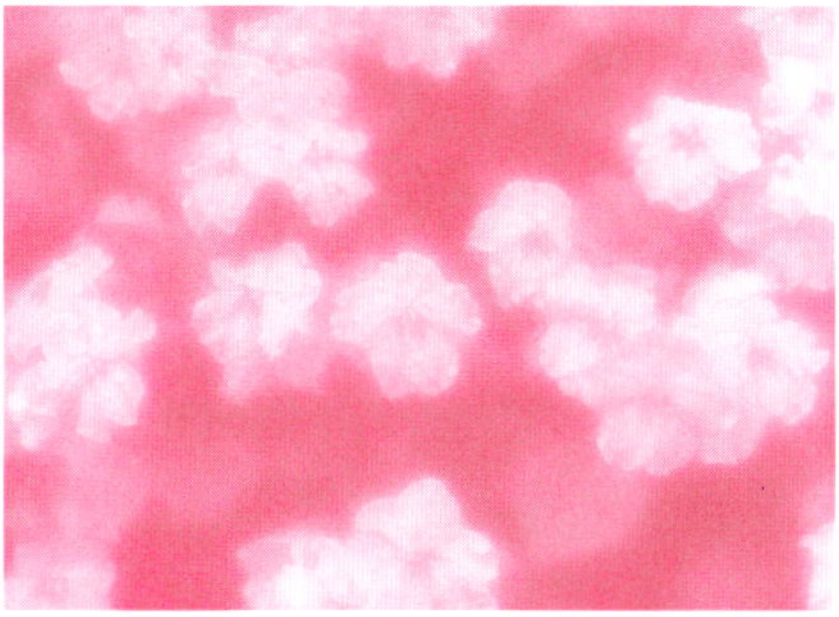

ミネルヴァ書房

はじめに

保健・医療・福祉の領域においては、制度をはじめとして様々な変革がなされてきている。そのため、対人援助の専門職の人々は、領域を問わず自らの専門性について混乱し、アイデンティティもあやふやな状態にある。このような現状では、専門職として質の高い援助や支援をすることは難しくなってきている。一方、援助や支援を必要とする利用者が増加してきている事実もあり、さらに、援助・支援の効果を出すように求められている。どの専門職の人々もこの現状に対応しようと、日夜多忙な業務に追われながらも、努力を重ねている。

このような人々が専門職として仕事をするうえで、何らかの支えを必要としていることは自明の理である。どのような支えをすれば、援助や支援をしている専門職を専門家として認めることになるのだろうか。あるいは、誰かが、例えば同僚や上司が何らかの支えを提供すれば、このような人たちは仕事のやりがいを見出すことができるのだろうか。専門職としての混乱は、どこでどのような形で整理できるのだろう。

対人援助の専門機関や施設で、スーパービジョン体制の構築が必要であるとの方針が出てきたのは、つい最近の動向である。その方針のなかでは、スーパービジョン体制が専門職の人々にどのような貢献ができるかは、具体的に明示されていないのも事実である。しかし、スーパービジョン体制は、過去五十年もの間、施設や機関のなかで人々に意識はされてこなかったものの、十分に稼働していた。誰もがスタッフとして、施設や機関という組織から自らの専門性についての認知や理解を感知する機会を十分に与えられることなく、スタッフの役割を遂行してきたという歴史があるのである。その意味では、スーパービジョン体制はうまく活用されてこなかったといえる。

本書ではスーパービジョン体制を活用して仕事をしてきたソーシャルワーカーに焦点を当て、スーパービジョン体制が及ぼす影響について、時間的なプロセスを熟考する作業を行ってみたい。今一度、このスーパービジョン体制について理論的にも、方法論的にも見直す必要があると強く感じているからだ。

ここでは、本書を著わすことになったきっかけを少し説明しておきたい。著者の一人である「私」というソーシャルワーカーが、スーパービジョンを考えるうえで、いくつかの体験例を取り上げ、長い年月をかけてくぐり抜けてきた専門職としての成長のプロセスを再現したいと考えた。その目的は、実践と理論の織り成す様を伝えること、「私」という視点からスーパービジョンについて探究することである。

スーパービジョンは一般には、「する人」と「受ける人」が互いに対話を通して難しい問題事例について検討する場面を指すものと考えられているかもしれない。しかし、スーパービジョンの場面は二者間の対話というひとつの層から成り立っているものではない。スーパービジョンを受けたソーシャルワーカーが得たものをよくみれば、そこには少なくとも六層の実体があると考える。

まず、スーパーバイザーから応援してもらえたという心理的な温かみを感じる。

次に、スーパーバイザーから得た情報や知識は、自分には不足していたという気付きがあり、次のステップの面接計画を立てる物理的な力を得る。

特に、面接状況に対峙するための準備をして身体的エネルギーを充電する。そして、利用者の難しい問題と取り組む上で、自らが抱える精神的な不安を直視する。また、利用者とともに歩み、利用者にとって、地域社会のよきパートナーとして取り組む役割を自覚する。

最後に、利用者の尊厳を保ちながら、利用者の持てる力を信じて、ソーシャルワーカーである自らが援助・支援に取り組むスピリチュアリティをもつ。

日本におけるソーシャルワークの発展を願ってソーシャルワーカーの養成と教育にほぼ半世紀を捧げたD・デッソーがその教育の場であった京都で永眠して二十五年になる。デッソーの私塾「葵橋ファミリークリニック」から多くのソーシャルワーカーが巣立った。デッソーは終始事例のスーパービジョンを通してソーシャルワーカーを教育した。デッソーのスーパービジョンは事例と真剣勝負に向かい合う緊張感に溢れたものだった。

京都の葵橋で行っていたスーパービジョンは『ケースワーク・スーパービジョン』（上野久子訳、一九七〇年、ミネルヴァ書房）で紹介されているが、「対人援助の専門家になるためには本を読んで理論や考え方を知ることが本筋ではなく、実務を点検するスーパービジョンが必要不可欠である」というようにデッソーはソーシャルワーカーの訓練においてスーパービジョンの果す役割の重要性を常に説いていた。

本書は実践編と理論編の二部から成る。実践編には、スーパービジョン事例とコンサルテーション事例を取り上げている。理論編には、スーパービジョンの概念枠組を提示し、次にスーパービジョンの二つの形態（同質的と異質的）について概説している。

最後に、ミネルヴァ書房の杉田啓三社長、編集部の五十嵐靖氏、小室まどか氏に感謝の気持ちを伝えたい。皆様からのお勧めとご支援がなければ私達の実践は活字となって刻まれることができなかったでしょう。本当にありがとうございます。

追記：本書の事例はプライバシー保護のために問題の本質を変えない範囲で修正・加工されている。

二〇〇五年七月二十六日　恵比寿にて

筆者一同

目次

実践編

第1～6章ではスーパービジョン事例を取り上げる。これは新人ソーシャルワーカーYさんに対して行われた、個別援助能力を向上させるための教育・指導的スーパービジョンである。第7章ではYさんが後に実施した、経験の浅いソーシャルワーカーに対するコンサルテーション事例を取り上げる。

人の理解には精神分析理論が必須という立場のD・デッソーは、心理社会的療法のソーシャルワークアプローチをとり、人や家族の機能障害には外的・社会的要因と内的・心理的要因があり、その双方に働きかけることでニーズの充足や機能の回復が図られると考えていた。葵橋ファミリークリニックでは支援の依頼があってケースを受理した場合、初回面接は必ずデッソーが行った。そしてケースの概要を把握した後、即座にアセスメントを行い、終結までの見通しを立てたうえで支援契約の話し合いに入るのが常だった。適切な情報収集、的確なアセスメント、モティベーションの形成を経て、ケースの受理を決定した後、担当ソーシャルワーカーを指名し、自身はスーパーバイザーの立場でソーシャルワーカーとクライエントを支えた。デッソーのスーパービジョンは、ソーシャルワーカーの実践を点検・評価することや、ケースを担当するうえで必要な知識と技術を教授することにとどまらず、共に考え、必要な指示を具体的に出す実践のコラボレーションといえるものだった。

ソーシャルワーカーの個別援助能力を高めるにはどのような理論や技術が必要とされているのか。それらは具体的にどのように使われるのか。実践編ではケースワーク過程を六段階に分けた。この過程の組み立て方、アセスメントの仕方、各段階での取り組み、次の段階に向けた課題設定などについてデッソーのスーパービジョンの実録を基にしてその教育の実際を追体験してみる。

スーパービジョン場面の構成は、非常に複雑なプロセスをたどる。大きく分けて四つの局面が重層的に描写されている。面接記録、ソーシャルワーカーに対するスーパーバイザーの指導、ソーシャルワーカーの心境、ソーシャルワーカーが所有する知識・技術の質と量の確認である。スーパービジョンを体験することは、これらの四つの局面を一体化したプロセスとして体験することである。

第1章　ソーシャルワーク支援の導入期

ソーシャルワークの過程

1　ケースを担当する準備

家族支援機関の新人ソーシャルワーカーとして着任したばかりのある日、所長から、近々ケースを担当してもらうことになるという話があった。新人の私に一人でできるのだろうかと心配になり、自分なりに準備をしたいと考えて、学生時代に読んだテキストを取り出した。

クライエントとの援助関係を形成できるのか、専門性はどうすれば身につくのかなどを考えると、緊張と責任の重さでドキドキしてきた。ソーシャルワーカーの仕事は他人の人生に影響を与えるという意味で社会的な責任を伴う専門職であることは常々聞いている。たとえ新人であっても、ソーシャルワーカーとしての言動はなによりも職業倫理に反するものであってはならない。ケースを担当する過程の第一歩として、最低限専門家としての心構えはしっかりとしておかなければならないと思い、専門職の倫理綱領を読み返した。

何冊かの本を読んでみて、ソーシャルワークの定義の多くが支援の過程を構成要素のひとつとして言及していることがわかった。でも漠然としていてその全体像は実感できずに不安が残った。

■ ケース会議 ■

ケース会議で所長から事例説明が行われる。所長は二回のインテーク面接を行った内容を報告した。このケース会議はスタッフにとってグループスーパービジョンの形態をとっている。

ケース会議は私の面接予定日の三日前に開催され、私は事前に所長からケース担当を言い渡されていた。所長はソーシャルワーク過程と導入期の課題を説明した。

「ソーシャルワークの全過程は大まかに、導入期・介入開始期・変革への働きかけ期・変革期・安定期・終結期の六段階に分けられます。各段階には固有の取り組み課題があり、課題の達成を確認しながら次の段階に進んで行きます。開始から終結までを一つの過程と考え、導入期に全過程の大まかな見通しを立て終結期に向けた準備をするのです」。

私は最初の段階である導入期の課題について質問した。所長は「対人支援の専門家であるソーシャルワーカーが問題をもった人と出会い、機関としての支援契約を結ぶこと、また、介入の準備段階として仮の見立てをすることの二点があります。持ち込まれた問題を明確にし、支援機関に何を期待してきたのかを明らかにすることからソーシャルワーク過程は始まるのです」と笑顔で言った。

組織的バックアップ

■スーパービジョンの機能■

私は「契約」や「見立て」という言葉にとまどいを感じながら、事例の概要とインテーク面接の内容についての所長の詳細な説明を聞いていた。所長は私に「あなたは単独で仕事をするのではありません。私のスーパービジョンを受けて面接をするのだから、あなたの背後には私のこれまでの経験と私の訓練が控えています。だから私に支えられているという意識をもってクライエントに当たっていくように」と言った。

所長のことばを聞き、スーパービジョンとは、面接の中で言ったこと、したことを細かくチェックして、足りない知識や技術を教示することが目的ではないことを理解した。スーパーバイザーがソーシャルワーク過程の責任を担って組織的にバックアップするために設けられるのだということも確認できた。私一人でやらなければならないという気負いから幾分解放され、緊張が解けていくのを感じた。

> ソーシャルケースワーカーとして実務につくための修行の中で、肝心要なことは、（中略）有能なスーパーバイザー（中略）について実地にケースを担当しなければならない。[1]

初回面接には誰が来るのか

■担当ケースについての事前情報■

私が担当することになるケースについて、所長はすでに入手していた情報を話した。T子は中学を卒業して工場で働いていた。十七歳になった頃、刑期を終えたばかりの男性A

（三十歳）と家出し、二週間後警察に保護された。会社は無断欠勤を理由に彼女を解雇処分にした。T子は母子家庭の四人きょうだいの末子である。家族はT子がAを追って再び家出し、犯罪に巻き込まれるのではないかと心配していた。

所長は私に向かって、「初回の面接に来るのは誰だと思いますか、T子は一緒に来ると思いますか」と尋ねた。突然の問い掛けに考えをまとめられずに返事に窮していると、所長は独り言のように以下のような話をした。

「ソーシャルワーカーは、初回面接前に電話などで予約をとる段階から、クライエントのメッセージをキャッチする必要があります。母親のみの来所ならば、母親は自分の養育責任を痛感しているかもしれません。母親とT子が一緒なら、母親にはT子を罰する気持ちがあるかもしれません。T子のみというのは、母親の心配の仕方から考えるとありえないでしょう」。

初回面接以前からすでに支援過程がスタートしているのだ。「来所の仕方ひとつにもこのような緻密な考察をめぐらすなんて！」と職人の仕事をみる思いだった。

■ インテーク面接とは ■

初回面接の内容説明に入る前に、所長はこの面接がもつ意味について幾分強い口調で語った。

「来談者との最初の「出会い」をインテーク面接と言います。インテーク面接は来談者がクライエントとなるか、ならないか、当該機関で扱う種類の問題であるかどうかを判断する場です。また来談者が支援を受けるかどうかの自己決定をする場でもあります。支援契約はソーシャルワーカーと機関側の責任上重大です。契約の動機付けは無論のこと、過剰な期待を煽る安易な支援の約束や安直な支援の導入にならないような慎重さが求められます。インテーク面接では、問題の性質や経過、その問題にまつわる感情、その解決のために努力してきたことなど、来談者に多くのことを語ってもらうことが大切です。インテーク面接は、支援過程全体の基礎作りであり、以後の方向性を決定する極めて重要な機能をもつものなのです」。

「ソーシャルワーカーは問題解決の支援をしますが、その問題解決過程を支えるのが援助技術です」と、所長はインテーク業務を効果的に遂行するためには技術が求められると言った。私が「それはどのようなものですか」と問うと、①短時間で関係を築く技術、②クライエントの感情と態度を敏感に知る技術、③正確なアセスメントをする技術の三点を挙げた。

心構え

さらに、所長は技術以前のソーシャルワーカーの姿勢として、インテーク面接を担当するソーシャルワーカーが心掛けなければならない注意事項を六点挙げた。(2)

① 丁寧な態度。
② 関心を示す。
③ 一人の人間としてクライエントを見る。個別に見ていることを相手に感じさせる。
④ クライエントの言葉に耳を傾ける。クライエントが言葉に出せない内心のニーズにも耳を傾ける。

⑤　クライエントに感情を表現させる。ソーシャルワーカーがその表現や内容を決して非難していないことをクライエントに感じさせる。
⑥　効果的なアセスメントが立てられるように、事実と感情を知るための必要な時間をとる。

2　スーパーバイザーの第一回インテーク面接

新人の私の担当家族に対して所長はすでに第一回と第二回のインテーク面接を済ませていた。今回のスーパービジョンは、母子で来所した第一回インテーク面接の説明をするという趣旨であった。

■来所目的の明確化■

所長は、母親を待たせて、まず娘のT子に会い、「ここには自分から望んできましたか、お母さんに言われて来ましたか」と尋ね、「お母さんとあなたの両方に援助をしたいが、どのような順番で話を聞いたらよいですか」とT子に四つの選択肢を示した。
①　T子を先に、母親を後に
②　母親を先に、T子を後で
③　母娘一緒
④　その他…話したくない、帰る「など」
T子はうつむいたまま浮かない表情で「お母さんから先に」と言った。

相談援助の動機づけ

私は所長に、「初めにT子と会い面接の順番を決めさせた意図は何ですか。母親を先にしたT子の意図は何でしょう」と質問した。所長は次のように答えた

「この導入はT子との関係形成に配慮し、①相談の主体はT子であること、②相談援助に対するT子の動機づけを明確にすることを意図しています。来所の真の目的を明確にするには、主訴を文字通り受け止めるのではなく、「クライエントはなぜここにきているのか」を問うて援助に対する動機づけを確認することが必要です。「お母さんから先に」というT子の選択は、ここでの援助に対する主体性の無さを表わしていると考えてもいいのではないでしょうか。また母親との依存関係を示すものと解してもいいでしょう」。

所長は面接室に座った母親に、先ほどのT子とのやり取りを伝えた後、どのような援助を期待しているかを尋ねた。母親は「T子のことが心配で、一人で外出させられず、いつも娘について歩いています。T子は自分がしたことに反省の色も見せないので、今日は仕事を紹介してもらえるかもしれないと言って誘い出しました。家事手伝いならやってもいいと言っているので、できれば住み込みの家など紹介してもらえたら」と、時折顔を上げてソーシャルワーカーの顔を見ながら滔々と話した。所長は母親に「ここがどのようなところで、私が何をする人だと考えていますか」と聞いたうえで、「母親としてT子に対してどのように接したらよいのかという迷いや、T子の問題についていろいろな思いもあるようだから支援をしていきたいと思います。そのためにもっと状況をよく知りたいのですが」と問いかけた。

■ 家族構成および家族歴と生活状況 ■

母親はこれまでの生活の様子やT子の問題を語った。父親は長患いの末、T子が四歳の時に病

死し、その後母親が働きに出て家計を支えた。それだけでは足りずに長男が中学を卒業するまで生活保護を受給していた。所長は、「その頃の母親の苦労を子どもたちはどのように受けとめたのでしょうか」と、尋ねた。母親は長女について、「昔の母親の苦労を知っているので非常に親孝行です」と話して、涙ぐみ、「それに比べてT子は何も手伝ってくれません」とつけ加えた。「T子の生まれた後は大変だったことでしょう」という所長の言葉に、母親は「T子は保育園に入れたが、泣いてしょうがありませんでした。他の子どもには苦労しなかったのです。長男は中学校一年から新聞配達をして家計を助けてくれました」と言う。

所長はT子の家族が現在どのような生活状況にあるかについて話し、家族構成（図表1-1）を示しながら、家族の歴史について話した。そこで私は、「主訴と直接関係のないと思われる家族や家族の歴史を聞くのはどうしてですか」と質問した。所長の答えは以下のようなものだった。

「時代背景を含む家族歴は、T子の欲求や人格形

図表1-1　家族図

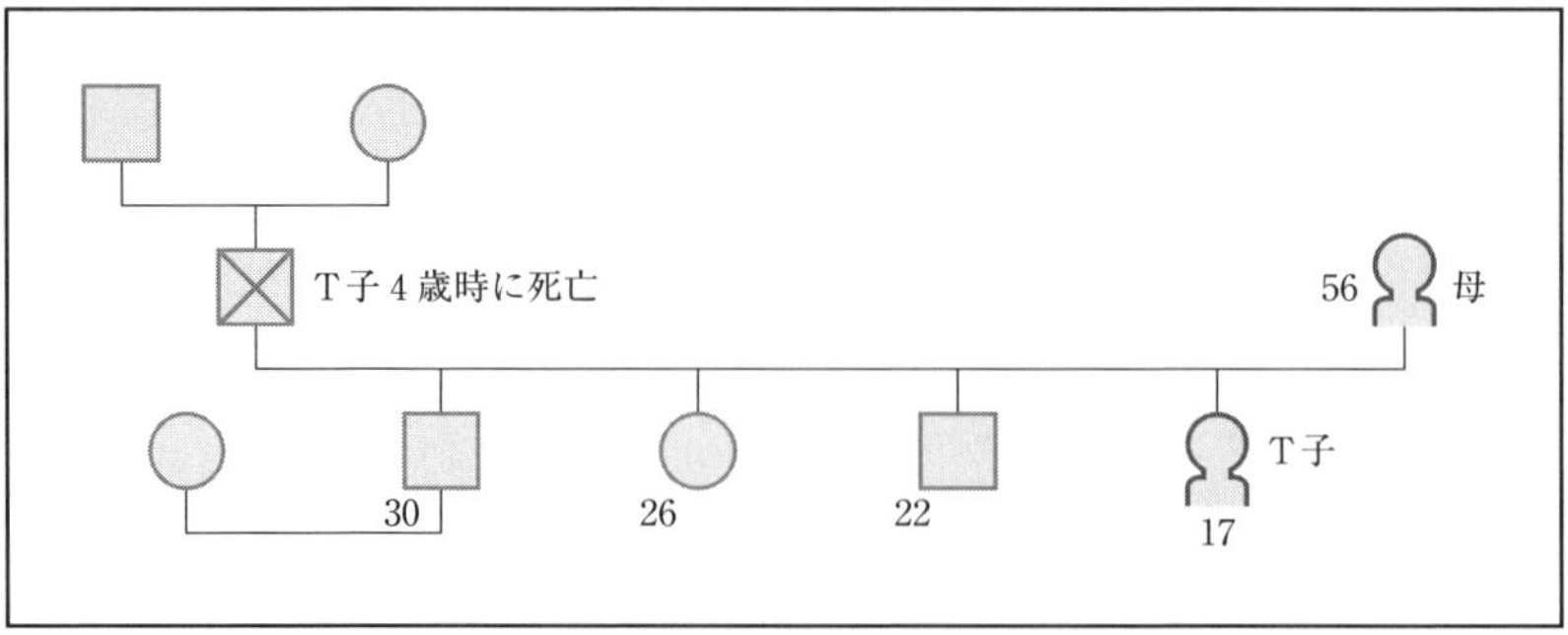

資料：『社会福祉学習双書2002・社会福祉援助技術論』103～104ページ。『家族評価』314～321ページ。

母親の主訴

成にどのような影響を与えてきたのかを「アセスメント」するために役立ちます。これは過去の出来事が現在を規定しているという精神分析の仮説に基づいています。問題の本質を明確にするために、インテーク面接ではまず家族についての情報を得ますが、その情報は常に事実と感情の両面について収集すること。母親は、T子が困った子どもだと言いたかったようですが、家族の子どもに対する認知や感情を理解するには、その子どもが生まれたときの家族状況を知る必要があります」。

■ 問題は何か ■

所長は初回面接の記録の続きを読んだ。

母親はバッグから封筒を取り出して、「T子は知らないのですが……」と言いながら手紙を開いた。家出の相手方Aから駆け落ちをそそのかす内容だと憤慨した。「駆け落ちを心配しておられるからこそ警官のように見張りたいのですね。しかしT子さんには逆効果かもしれない。一緒に考えてできるだけのことをしますから、見張るのをやめてみませんか」と提案してみた。母親は「あの子は警官からAについて行ったら一生不幸な生活をすることになると言われているのに、それなのに、……前科があるだけでAを信用せずに反対するのはおかしい、二人でうまくやっていくからとあの子は言い、全く耳を貸そうとしないのです」と怒りをあらわにして訴えた。所長は「T子さんは多少感傷的になっているようですね、これからT子さんに面接するので別室で待っていてください」と母親に伝えた。

私は話を聞きながら、母親に対する所長の提案の必要性を考えてみた。「所長のように自信を持って提案できるだろうか、なぜT子がお母さんに連れられて相談に来るのではだ

当事者の主訴――T子が問題としていること

めなのか」と自問していた。

母親と入れ替わりに入室したT子に、所長は「初回からあなたが来るとは思っていませんでした。来てくださってありがとう。お母さんに無理に連れてこられたのでしょうか」と尋ねた。T子は驚いたような表情で、「前の会社で相談していたNさんからお母さんと一緒に行くように言われたから来ました」と言う。「Nさんは私のことをどのように説明したのですか」という所長の言葉に、T子は「私のような人が相談をするところでしょ」と即座に答えた。家でお母さんとどんな話をしているのかを尋ねると、T子は「イライラしてすぐに口喧嘩になるので、一日何もせずに眠ってばかりいます。素直になれずにすぐに反抗したくなってしまう」と口をとがらせて言う。所長が「その反抗心はずっと前からのものですか、家出は反抗心からなのですか」と問い返すと、T子は「母親は私の友達のことで、悪い友達だから付き合わないようになどと口出しをすることが多いのです。私の友達なのに」と強い口調で言う。所長がこれからどうしようと思っているかと尋ねると、T子は「女はいい家庭を持つことが一番の幸せでしょ」と話す。「その相手はAさんですか」という問いに、「以前はそうでしたが、今は半々」とT子は考えをめぐらすように応えた。所長が、「Nさんはあなたのことをよく働く人だと話していましたよ。あなたのことをもう少し聞きたいけれども、今日はもう時間がないので次に会う約束をしたいのです。あなたが相談した内容を他の人に話すことはありません。あなたは来るつもりがありますか」と尋ねると、T子は顔を上げてうなずいた。

嫌々ながら母親について来たように見えたT子が、所長の働きかけで彼女の意志で相談に来所することを決定したようだった。T子が支援の主体になった様子がよくわかった。

■ 守秘義務 ■

これまでのスーパービジョンの内容から、所長はすでにT子とお母さんとの関係に問題があると推察し、インテーク時での面接の順番や形態に配慮していたことが理解できた。その問題解決をするのにT子との信頼関係の形成は不可欠で、①T子を尊重する、②秘密を守ることを伝える、これらは大切であると十分学んだが、母親と娘が一緒に相談に来るのはなぜよくないのだろうと考えた。

秘密を守ることの意味

ここで、所長から守秘義務についての説明があった。

「『秘密を守る』と伝えることは、ソーシャルワーカーを信頼してよいこと、ソーシャルワーカーが知っていることをクライエントの利益のみに使うと言う意味がある。信頼できる人間関係を維持できないクライエントは、ソーシャルワーカーを何度も試すことがある。だからソーシャルワーカーはクライエントから知りえたことを大切にし、ゆっくりと、急がず支援過程を進めていかねばならない(3)」。

■ 相談援助の契約 ■

契約の内容

母親を面接室に呼び入れてT子と同席してもらい、所長は「T子さんはもう家出をすることはないと思います。T子さんが一人で次回の面接に来る責任をもたせたいので協力してください」と伝えた。母親は深々と頭を下げた。

相談面接の契約をかなり意図的に行っているように感じたので、契約ではどのようなことを取り上げる必要があるのか聞いてみると、所長はこう答えた。

「面接には目標がなければなりません。その目的をソーシャルワーカーだけでなくクライエントも共有することにより、契約が成立するのです。その契約には、目標のほかに、料金、時間・頻度・期間、場所、担当者なども含まれます」。

3 スーパーバイザーの第二回インテーク面接

ソーシャルワーク原則遵守の意味

■ 予約時間厳守 ■

所長は二回目のインテーク面接の内容説明に入った。その日、T子は約束の一五分前に一人で来たが、所長は予約時間まで待ってもらったと言う。所長から、「二回目なのに約束の時間より早く来たことをあなたはどのように考えますか。母親にせかされたのでしょうか、家に居づらいのでしょうか、早く面接を済ませたいのでしょうか」と私に問うた。続けて所長は、「クライエントを待たせたのはどうしてだと思いますか」と尋ねた。私はT子が遅刻しないで、約束通りに来たと理解したので、「待たせる」必要性があるのかと考え、「T子が真剣に取り組もうとしているから早く来たのではないでしょうか。気持ちに応えるために、私なら待たせるよりすぐ対応したくなります」と答えた。所長は、予約時間厳守についての原則を説明した。

「明確な目的もなくクライエントの要求に応じる（時間にあわせる）と振り回される結果となります。関係形成の大事な時期には、ソーシャルワーカーの側から約束、契約を崩さないほうがよいのです」。

■主訴の確認■

所長はT子に「ここでやっていることがわかりましたか」と問い掛けると、T子はもじもじしながら「はい、相談にのってくれるのでしょ」と答えた。「あなたはどういうことで困っているのですか」と尋ねると、「何もしないで家にいるのは辛いので、今どういう仕事に就こうかと考えています。家は経済的に困っているので少しでもお金を入れなければなりません」と続けた。「お母さんは経済的なことで愚痴を言いましたか」と聞くと、言下に否定した。

私の予想に反してT子は仕事の話しかしていない。一緒に家出したAのことが主な相談として取り上げられないのはどうしてか。言えないのか、言いたくないのか。T子にとってそれほど重要なことではないということかなど、所長の説明を聞きながらいろいろな考えが浮かんできた。

来所理由を尋ねる

所長はT子に「どんなことを言われると気になりますか。前回あなたは、母親に友達が悪いと言われるが、自分はそう思わないと話していましたね」と話すと、T子は「友達にも二種類あります。会社の友達は全部優しくて、仕事だけで付き合ってきました。学校の女友達は、よく遊んで知っているから、家のことや自分のこと、男の人のことも話をします」と言うので、ここでは学校の友達のように話してほしいと伝えた。するとT子は少し気色ばんで「一番大切なことを言えということですか」と切り口上で言い、「本当は大きな会社なんか辞めて、ヘルパーになりたかったのです」と付け足した。「テレビを見ていて思ったのですが、工場では同じことの繰り返し。ヘルパーなら色々できます。会社は服もいっぱいいるし。工場で働いていてもいい奥さんになる準備などできないと思います」。

家族との関係について尋ねると、T子は「皆優しいです。姉は結婚しています。上の兄は帰りが遅くてあまり顔を会わせません。下の兄とは喧嘩をすることもありますが、仲良くテレビを一緒にみています」と一問一答的な会話になって次第に黙ってしまう。

私はT子の沈黙は何を意味しているのかと訝りながら、自分が面接をしている時に黙ってしまったらどうしたらよいのだろうかと心配になった。

所長はT子に話題を変えて「Aと一緒の時は楽しかったのですか。警察に捕まった時は辛かったでしょう。その時のことを今でも思い出しますか」と尋ねた。T子は「お姉さんもお母さんも、もう一回家出をしたらもうすぐ十八歳で大人なのだから犯罪になるって言っていました。Aのことはもう何にも思っていません。お母さんに腹を立てていることもありません。以前はしなかったけれど、今は家を出る時には行き先を言うようにしています」と感情を押し込めたようにぶっきら棒に答えた。

所長が「今、家で何をしていますか」と聞くと、T子は手短に「刺繍をしています」といって黙ってしまった。少し間を置いてから、「お母さんがあなたのこと、手先が器用だと言っていました」と言うと、T子は「それを言われるのは嫌です。手先は器用だが完成したことがありません。皆お世辞で言っているのです」と急に怒り出した。所長は驚いて「私もお世辞で言ったと思ったのですか」と聞くと、T子はすぐさま「いいえ」と言って怒りを引っ込めた。

私はT子のことがかわいそうに思えてきた。「T子の怒りの表出は何を意味しているのか、褒められたことがないのか、自分には本当に何のとりえもないと思っているのだろうか」。

来所を動機づける

面接時間が終わることを告げてから、「私はあなたを援助するためにもっとあなたのことを知りたいと思っています。これ以降も面接をしていきたいがどうですか」と言うと、T子は「私は欠点だらけなので、どうすればいいか教えてほしいです。でも手先が器用だとは言わないでください」と応えた。「次回からは、あなたを担当する専門の援助者があなたのことをもっとよく知るために、面接を続けることにします」と伝えると、T子は不可解そうな表情をした。

■ インテークソーシャルワーカーの見立て ■

導入期の課題

所長はインテーク面接の報告を終えてから、私がT子の担当ソーシャルワーカーになることを正式に発表した。面接の前後に個人スーパービジョンを導入することになり、他のスタッフの了解を得た。次にこのケースに関するインテークソーシャルワーカーとしての見立てが告げられた。

「問題の種別としては『非行：反社会的行動化』だが、基本的には『自立』または『アイデンティティ形成』にまつわる、発達上の課題がテーマとなるでしょう。経過が流動的なので取り組む問題点の明確化を図り、短期間で集中的に行うべきケースです。導入期の主な取り組み課題は、『問題の見立て、来所目的の明確化、主訴の確認、援助関係（契約）の形成』ですが、これらの課題は二回のインテークでほぼ達成されているので、担当ソーシャルワーカーは介入開始期からのかかわりになります」。

情報収集について

また、所長はクライエントに関する情報について次のように語った。

「インテーク面接ではまず家族についての情報を得ます。また情報は常に事実と感情の両面について収集すること。時代背景を含む家族歴がT子の欲求や人格形成にどのような影響を与えてきたのかをアセスメントすること」。

このようなコメントを添えて、所長はT子のケースを私に託した。私は情報収集について学習した。

> 一九三〇年代、精神分析や人間科学がソーシャルワークに導入されていない頃、ケースワーカーはクライエント自身から正確な情報や十分な情報が得られない場合、近所の人や親族、関係者にその人の評判とか生活の様子を聞いてまわるのが常だった。これがその当時の調査で、有能なケースワーカーは有能な探偵のようなものだった。ソーシャルワークに精神分析が導入されて、人には無意識と意識があることや感情の重要性を学び、これらの要素が人の生活に与える影響は無視することができないことを知る。その後、それが事実かどうかを知るために情報を集める調査ではなく、クライエントを理解するために事実と事実に込められた感情を知るための調査を行うようになっていった。それは援助者側の意思で行われていた慈善事業のサービス提供業務とは明らかに違っていた。

4 担当事例に関する事前学習

私はインテークの概要説明を受けて、ケースを担当する準備に取り掛かった。所長が示したいくつかの考察ポイントやT子の問題を自分なりに解明したいと考えた。そこで所長がクライエント理解の根拠としている精神分析を基盤にしたソーシャルワーク論に焦点を当てた。所長と同じく心理社会的アプローチをとるホリスを読むことにした。

■ 生活に困難をもたらす要因 ■

F・ホリスの書籍(4)には生活上の機能障害を招く原因となる三つの要因が挙げられていた。

①　幼児期の欲求と衝動の固着
自己愛的な欲求、過剰な依存心や敵意、幼少期の家族形態への固着、分離不安、逸脱した性衝動や攻撃衝動の表現などが大人になっても続いている。これらは不適切な要求や欲求不満を起こしやすく、社会環境の中で反抗的な行動をとってしまう。

②　極端に困難な生活状況
経済的困窮、住宅や近隣環境の劣悪な条件、疾病、死や別離による愛の喪失は、生活に降りかかる共通の苦難である。

③　自我や超自我の機能障害
自我の機能障害は、外界や自己についての歪んだ認識、判断のまずさ、衝動をコント

ロールして行動を指示する能力、現実検討能力の悪さ、自我防衛の不適切な使用などが含まれる。

超自我機能の種類は様々である。超自我があまりにも幼稚で道徳的規範がほとんど摂り入れられていない場合すらある。超自我の機能障害があると、自己中心的な善悪の判断や道徳的規範、高すぎるあるいは低すぎる自分に対する欲求で無神経に行動していたり、その逆で環境に調和できないことを気にかけたりする。

原因論的考察

このように精神分析的な考え方では、問題には必ず原因があり、その原因を究明することが治療の第一の目標であるとされていた。ホリスは人が援助を求めてくる時は生活機能に支障をきたしている時であり、何かに失敗しているからわれわれの前に現れるという。こうした理論を背景に問題の原因を探求する知識をもっていれば、所長のような見立てが出せるようになるのだろうか。

■ クライエント理解の試み ■

三側面によるクライエント理解

問題の原因となっているものを探り当てていくための情報収集作業を、ホリスはスタディ（調査）の段階と位置づけている。原因に関する前述のホリスの仮説に基づいて、所長がインテーク面接で得た情報を使い、私なりに三側面からT子を理解する試みをしてみた。

すなわち、①幼児的な欲求や衝動の側面からの理解、②環境的側面からの理解、③自我と超自我の機能の側面からの理解とする。

①　幼児的な欲求や衝動の側面からの理解

これについては、過去、特にT子の生活史との兼ね合いで家族の歴史と家族関係について調査しなければならないが、現在わかっている情報の範囲で想像してみた。

・母親にとって病気の夫の看病や死後の生計を立てるうえで、T子が足手まといだったとすれば、T子の幼児期欲求を拒否した可能性がある。

↓

・T子は幼児期の欲求を充足していない。年の離れた男性の優しさは、こうした未解決な愛着を満足させるものだったかもしれない。

・T子の抑制された幼児期の欲求は、分離不安や過剰な依存心と敵対心のアンビバレントな感情を引き起こしている。そのために母親との関係で情緒的混乱が発生するのかもしれない。

・母親はT子に対して、期待に反する子ども、性格が悪いという否定的な評価をしている。T子は同胞との比較で最も低く位置づけられている。

↓

・「私は悪い子」という罪悪感や評価が得られないための劣等感で形成された人格や背伸びした（見せかけの）自立欲求が問題行動を引き起こしている。一方で親の良い評価を得たいという子どもっぽい思いが強く、相反する従順さもあるのかもしれない。

②　環境的側面からの理解

ここでは、T子の経済的条件、家族関係、およびA氏との関係を取り上げる。

・経済的条件
経済的なゆとりはなく、T子は早急に働き口を捜さなければならない状態にある。

・家族関係

家族はみんなでT子を問題児として監視している。母親は支援に関して表面的には協力的だがT子を家庭から出したいという気持ちが強く、厄介者を排除しようとするような潜在的欲求があるのかもしれない。住み込みのヘルパーという母親の提案はそうした気持ちを反映しているのかもしれない。

・A氏とのかかわり

A氏とT子の双方が共に必要としている関係であれば、A氏が今後も連絡をとってくる可能性がある。A氏の強引な接近で犯罪が発生する危険性があるかもしれない。

③ 自我と超自我の機能の側面からの理解

この側面では、自我機能として現実的検討能力、防衛機制、自己評価、衝動コントロールを取り上げ、超自我についても検討してみた。

・現実検討能力

T子は、知的能力が低いかもしれないという印象を与えるほど現実について幼稚な考え方をしている。

・防衛機制

T子の話から、否認や理想化が多くみられ、T子の発達段階の幼稚さを物語っている。

・自己評価

T子の自己評価は極端に低い。彼女は、自分が欠点だらけで、能力がない人間だといっている。

・衝動コントロール

T子は、面接場面で怒り出したり、沈黙したり、行動にも一貫性がなく、感情統制の悪さが感じられる。刺激の強い事柄に対して自己を制御する力は弱いのかもしれない。

・超自我

T子の超自我については、規範の形成役を果たす父親がいないこと、母親が厳格で懲罰的な育て方をしたこと、T子には年上の同胞を基準に年齢不相応の要求を課してきたこと、自己中心的な価値観に基づいた唐突な行動化などから、規範の欠如、善悪の判断の弱さがあり、T子の超自我形成には問題があると思われた。

■私の面接方針■

こうした考察がT子のイメージを限りなく膨らましていった。理論の活用による仮説がどの程度T子を理解する助けとなるのか、あるいは単なる的外れの連想にすぎないのだろうか。T子が望む就労支援も大切な課題だが、T子の最も大きな課題は母親との関係ではないか。私の第一回目の面接では母親との関係に注目して話を聞くようにしよう。T子が家出をすることで示そうとした感情を理解するために、あまり距離を感じさせない女友達のような関係で面接をすることにしようと計画した。

早く実際にT子に対面したいと思うようになった。

注

（1）D・デッソー／上野久子（訳）『ケースワーク・スーパービジョン』ミネルヴァ書房、一九七〇年、一三四頁。

（2）同前書、一三二～一三四頁。

（3）同前書、五四～五七頁。

（4）F. Hollis, *Casework : A Psychosocial Therapy (2nd ed.)*, Random House, 1971, pp. 23-25.

第2章　介入開始

1　第一回面接前のスーパービジョン

ついに面接の日が迫ってきた。初めての面接を明日に控えて個別スーパービジョンを受けるため所長室に入った。

新人ソーシャルワーカーの緊張

■クライエントに対して自らの役割を明確にすること■

所長は開口一番、「気負うことなかれ」と笑顔で言った。私の緊張感を見透かしたような一言だった。ソーシャルワーカー自身がゆとりをもち、リラックスしていなければ、クライエントを受容することなど到底できない。所長の最初の注意事項は、面接姿勢の基本であり最も大切なことだと思った。所長は、改まった口調で言った。

「私はこのケースのインテークワーカーだったが、これからはスーパーバイザーとしてこのケースに参加します。それで、あなたはT子と出会ってまず何をするつもりですか」。

所長がスーパーバイザーになった瞬間だった。「スーパーバイザーから提示されたT子の課題について一緒に取り組めるような関係作りをしようと思っています」と準備していた通りに答えた。スーパーバイザーは軽くうなずき、再度問うた。

「それでどのような所から開始するつもりですか」。

先日のケース会議の後で考えた介入開始期の自分なりの計画を話してみた。「T子と友達のような関係を作りT子の本当の気持ちを理解したいと思っています。それができてから、T子がこれから取り組むべき課題を明確化して、その課題を一緒に取り組む意志の確認ができればと思っています」。スーパーバイザーは私の話を制止するように手でストップをかけて言った。

「ちょっと待って。そんなに先を急がずにしましょう。この面接を始めるにあたって何から取り上げるつもりなのか具体的な計画を聞いているのです」。

私が下を向いて考えているうちに、スーパーバイザーは話し始めた。

■ ソーシャルワーカーとしての自己の活用 ■

「まず自分が担当になったことを一番先に取り上げなければなりません。それをどのように切り出したらよいのか考えてみましょう。T子は期待とか、不安とか、疑心暗鬼とか様々な思いをめぐらしています。特に今回の場合、面接者が代わることに関してT子なりに何かを感じているはずです。初めてクライエントと出会うときは、前回の面接の影響を考慮してクライエントの思いを受け止めなければなりません。これは、クライエントの気持ちを受容するための傾聴を心がけることとは違います。介入開始にあたる面接は、ソーシャルワーカーは知識と予測に基づいて、スタートラインとゴールを提示していかなければならないのです」。

当初から私は、「T子はインテーク時のベテランソーシャルワーカーから新米のソーシャルワーカーに代わることを嫌がっているのにちがいない。この変更をどのように説明したらよいのか」と単純に不安を感じていたので、スーパーバイザーにその説明のしかたを教えてもらいたいと話した。

「これは、担当が代わるという事実をどう伝えるかという面接のテクニックの問題ではありません。面接をどのように開始するかは、この事例であなたがどのような役割を取ることになるのか、自分が支援者になることでどのような利点があるのか、何ができると思っているのか、あなた自身がこれらをどのように理解しているかによって自ずと答えは出てくるものなのです」。

スーパーバイザーはすぐには回答を与えてはくれなかった。スーパービジョンとは、なんでも丁寧に教えてくれるものと思っていたのに……。スーパーバイザーに突き放された気分だった。

■ ソーシャルワーカーとしてクライエントに向き合うこと ■

スーパーバイザーは、私の感傷などお構いなしに話を続けた。そして、ソーシャルワーカーとしてT子と私がどのように向き合うかを考えるように以下の三つのポイントを説明した。

①　母親との葛藤

「T子の反社会的な問題行動は、この年代では家族からの自立行動としてよく見られる現象です。通常は家族や周囲の人たちの支えで乗り越えられることですが、日常的な家族関係で対処できないからこそ支援を求めてきたのです。T子と同年代のあなたはこうした状況のT子をよく理解できるでしょう」。

②　個別面接

「この母娘は葛藤の当事者同士なので、冷静な判断ができなくなっています。母娘の同席面接では、母親の心情吐露（カタルシス）やT子の心象を引き出すことができません。また当事者それぞれの取り組み課題も異なるので、こうしたケースの場合は別々の面接形態、別々の担当者をあてるのが望ましいのです。その意味では母娘に別々の担当者がつくのは、あなたが新人だからできないと考えているわけではありません」。

③　ポジィティブな転移

「おそらくT子は母親に怒りをもっていると思われるので、担当者は敵対的な転移が起こりにくい、T子と年齢の近い者がよいのです。T子が自分自身の気持ちを出せるように、まず友好的で親密な関係を築くためにも若い世代の方がよいでしょう。だからこそT子に近い若い世代のあなたが担当者に適しているのです」。

新人であることの値打ち

■ソーシャルワーカーの役割■

スーパーバイザーのこれらの説明で、「私が担当することの利点」の意味がわかってきた。スーパーバイザーは私を諭すような改まった口調で、ソーシャルワーカーとして果たすべき役割や業務領域について以下のように語った。

「ソーシャルワーカーは、クライエントとのかかわりを深めて行く過程でクライエントの転移の対象になることを意識し、どのような関係が形成できるかを予測して面接に臨まなければなりません。ソーシャルワーカーはT子のパーソナリティの成長に影響を及ぼしていくような治療的介入を目標とはしていないのです。

クライエントとの関係形成には、ネガティブな（敵対的）転移の発生を予防し、ポジティブな（友好的）転移を意図的に起こすような配慮が必要です。ソーシャルワーカーはクライエントの無意識の過程をコントロールする領域には介入せず、クライエントと一緒に課題と取り組むパートナーとして支持的関係を形成し、あくまでもT子の取り組み課題を手伝うのです」。

課題を一緒に取り組むパートナー

■一時間の個別スーパービジョンを終えて■

初めての個別スーパービジョンは、専門家の知識に圧倒される思いだった。転移、逆転移については大学の授業でも学んでいたが、所内のカンファレンスやグループ・スーパービジョンでもよく使われる言葉で、それなりに理解しているつもりだった。実際に自分が担当するケースに照らし合わせてみると、理論がこんなに生きた知識を提供してくれるも

実践に活用される理論

のかと驚いた。これは実習ではない。たとえ初心者であってもケースを担当する時はクライエントの援助者として向かい合わなければならない。私はソーシャルワーカーとしてT子と出会うのだ。T子とのかかわりに専門家として責任をもたされている。「あなた自身が考えるように」というスーパーバイザーの言葉は重く心に残った。スーパーバイザーの言う「母親への怒りがあるから、敵対的転移が起こらないように、年齢的に近いあなたを担当者に選んだ」という意図を大切にしたい。やっと担当者が代わったことを的確に自信をもってT子に伝えられるような気がしてきた。

■ 転移と逆転移についての学習 ■

対人関係の専門家であれば、関係過程で発生するものを理解し、行動形成に影響を与えている種々の要素を考慮したうえで、他者の反応を受け入れることが求められる。心理社会的アプローチは、人の反応を生み出す背後にあるものを理解するために精神分析の知識をずいぶん活用していることがわかった。初回面接の前に、スーパービジョンの中で出てきた「転移・逆転移」といった専門知識をもっと正確に理解したいと考えて、もう一度ホリス[1]の書物を読み返した。

ソーシャルワーク過程の基礎として位置づけているクライエント・ソーシャルワーカー関係には転移・逆転移といった非現実な態度や反応があるという。「転移」とは、クライエントが、もともと幼児期に体験した家族員——多くは両親だが必ずしもそうとは限らない——に向けた感情をソーシャルワーカーに置き換えて、ソーシャルワーカーがあたかもその過去の人物であるかのように反応することをいう。似たような現象は、幼児期以降の重要な関係者との置き換えでも発生する。幼児期の家族形態にあった直接的な方法でソーシャルワーカーを同一視するかどうかは別として、人との歪んだ関係のもち方がパーソナリティの一部になっていて、それを援助関係に持ち込んでくるクライエントは少なくない。

転移は専門家とクライエントとの関係だけで発生する現象ではなく、どんな関係でも起こる、対人関係を構成する要素のひとつと考えられている。たとえばソーシャルワーカーとクライエントのような援助関係では親子関係的な依存感情（母親転移、父親転移）が起きやすいとの記述もある。この理論をT子に当てはめると、T子が母親との関係に葛藤をもっているとすれば、母親の年齢に近い女性は、母親転移を起こしやすくソーシャルワーカーとの関係で葛藤を再現してラポールが築きにくいということである。

逆転移の認識

また、ソーシャルワーカーがクライエントを自分の生活史上で経験した人物と同一視したり、未解決な対人関係の型を援助関係に持ち込んだりするような態度や反応は、逆転移といわれている。逆転移は自己覚知訓練でよく聞く言葉だ。ソーシャルワーカーも様々な感情を有する人間なので、クライエントとのかかわりで個人的な反応を起こさないようにすることは不可能だという。転移や逆転移は発生を防ぐことができるものでも、避けるべきものでもないようだ。自己の反応や影響を認識し、歪んだ関係に陥らないためにスーパービジョンがあるということはよく聞かされている。初心者が自分やクライエントの非現実的な反応まで理解するのは容易なことではないだろう。ましてやソーシャルワーカーとクライエントの関係に発生する力（転移）を活用して効果的な支援を実現するなど初心者の私には到底できないとため息が出てきた。

■ クライエントとの関係形成 ■

私のとるべき役割がより明確になって来た。スーパーバイザーは、「T子に必要なものは、母親の代理ではなく、T子が潜在的にもっている成長の力を発揮させることを手伝ってくれる人、いわば同一化の対象になれる人だ」と言っていた。また「T子は母との間に葛藤があるらしいが、ソーシャルワークの目的はT子が持っている問題の取り組みを支援することであって、T子の無意識にある母子葛藤を治療することではない」とも言っていた。T子の年齢に近い私を担当ソーシャルワーカーにしたのは、葛藤が再現しやすい関係を避けて、T子が他者との関係で今までと違った経験ができるようしたいとのことだった。つまり、私がT子の同一化の対象になることなのだろうか。

同一化の対象

ブレンナーによると、「同一化」とは思考や行動の一つないしはいくつかの面において、他の何ものか、あるいは誰かと似たような行為ないしは過程を指すという。(2) これは思春期の仲間形成でよく働く心理作用ということだが、私とT子は世代が比較的近いということで、私はT子の同一化の対象となる役割がとりやすいのだ。自我心理学を基礎理論としてソーシャルワーク論を展開するパールマンは、ソーシャルワーカーからの取り入れができることをクライエントのワーカビリティの一つにあげ、ソーシャルワーカーの言動がクライエントの中に持続的に摂取される可能性があるということを指摘している。[3] ソーシャルワーカーとのかかわりを通して、親から受けたものとは異なる価値観や行動様式を獲得することも起こってくるという。ホリス[4]はこのような関係を修正的関係と呼んでいる。

スーパーバイザーが言っていた、「自分がとる役割、自分が支援者になることの利点、自分のできること」についての論理的裏づけが得られたように思う。T子との間に作っていかなければならない関係、進むべき方向性がはっきりと見えてきた。

「クライエントと相性が合わない」、「関係付けができない」といった先輩ソーシャルワーカーの呟きを時々聞いていたが、関係が軸となって展開する個別援助の場合、関係を読む力、関係を形成する力が求められているようだ。スーパーバイザーが言っていたクライエントとソーシャルワーカーの関係における「よい転移関係」とは、「友好的な信頼に基づく関係」というような意味だということもわかってきた。初めてのケースをうまくやろうとする気負いが少しずつ鎮まってきたように思う。冒頭で言われた、「面接の最初に自分が担当者であることを告げること」についてもう不安はなくなった。明日の面接は、まずT子との関係を形成する一歩となるようにしたい。

2 第一回面接後のスーパービジョン

私は、第一回面接直後に個別スーパービジョンを受けるに当たり、準備作業をした。一時間弱の面接過程にそって、T子の言動、ソーシャルワーカーである自分の言動すべてを記し、観察事項も含めるプロセスレコードを書いた。実際の面接時間の数倍を費やした。この記録作業がこんなにも時間のかかるものであるとは思ってもみなかった。記録を書いている間も、面接前に受けたスーパービジョンでのスーパーバイザーの言葉が頭をよぎり、たびたび記録を書く手が止まってしまった。また、書くにつれて面接の過程を追体験でき、その面接過程の全体像が手に取るように見えてきた。

私は、プロセスレコードをもって、T子との第一回面接についてのスーパービジョンに臨んだ。スーパーバイザーから、「声を出して記録を読むように」と指示をうけ、読み始めた。

面接のプロセスレコード

■ 第一回面接記録 ■

今回も約束の時間より少し早めにやってきたT子との面接を定刻に開始した。私は、「前の担当者とは二回面接したと聞いていますが、今回から私が担当になります。担当者が代わってやりにくく感じているかもしれませんね。どうして担当者が代わったかわかりますか」と尋ねた。T子は、「所長から担当が代わることを聞いていたから大丈夫、理由はわかりません」と言って口ごもった。私は「T子さんの年齢に近いから、あなたの気持ちをもっと理解できるだろうというのが一番の理由です」とT子の表情を見ながら説明した。そして、「お母さんと同じ担当者が面接をすると秘密がもれる心配がありますよね。別々の担当者になると安心して話すことができると思います」という。私と話した内容については秘密を守ると伝える。

私は続けて、「あなたは就職を心配してここに相談に来られたけれど、ここでの私の仕事は人が困っていることを一緒に考えて解決することです。それとあなたのこれからのことについて一緒に考えたいと思っています。具体的に就職のことを話すのは少し後になりますが、まずあなたのことをもっとよく知りたいと思っています。今私が知っていることは、お父さんが亡くなっていることや、あなたが末っ子であることくらいです。お母さんや家族との関係、友達のことなど知らないことが多いので、あなた自身に合った仕事を探していくためにも色々と教えてください」と言った……（略）。

私が記録を読み終えるとスーパーバイザーは開口一番「初めて行った面接としては悪くはないが、特別いいというものでもない」といった。そして以下の五点について指導を受けた。

メモをとること

① ソーシャルワーカーがメモを取ることについてT子に確認をとったことはとてもよい。しかしT子についていろいろ知りたい段階なので、「メモを取ってよいか」とイエス・ノーの許可をとるより、「メモをとることをどういうふうに感じるか」と開かれた質問で尋ねること。

行動の意味の意識化

② T子が男性と家出をしたことは、自分で「悪いことだ」と知りながらやってしまったことだろう。これは親に反抗する行動かどうかを考えなさい。母親が嫌がることをあえてしてしまうメカニズムが働いているのかもしれない。T子が自分で意識して行動していないとすれば、T子自身も自分の行動の意味がわかっていないことになる。行動の意味についてT子自身が知る必要がある。生育歴を話すことで、T子は母親との関係を意識レベルで考察できる。自分について知ることは意識レベルで自分の行動を認識することであり、自我の強化につな

がるものである。生育歴を尋ねることは、無意識の領域についての洞察や解釈で秘密を暴いたりすることではない。

質問の仕方

③ ソーシャルワーカーが、「母親についてどう思っているか」とT子に尋ねたのはいい質問だった。しかしそのあとでT子が何も返答をしなかった。ソーシャルワーカーはもう一度「お母さんはどういう人ですか」と聞きなおしているが、この質問のしかたはよくない。この面接では、T子がお母さんをどういうふうに思っているか、T子の母親に対する感情をキャッチしたいのであって、どういった性格の人かといった一般論としての母親の性格を問うものではない。

言葉の意味の明確化

④ T子が自分のことを「のろま」といったことについてソーシャルワーカーは何も言及していないが、クライエントが言ったことがどのような意味なのかを明確にする必要がある。このように質問することで得た情報は、クライエント像やクライエントの自己イメージがより明確にわかり、クライエントの自我能力をアセスメントするうえで役に立つものである。

背景理解

⑤ T子が「お母さんは忙しいと言って、私の友達を受け入れてくれない」と話したが、これはどのようなことを意味するのかよく考えなければならない。たとえば、T子の存在を否定することにつながるエピソードかもしれない。また、T子が生まれたとき、家庭状況は最悪で、T子は誕生を喜ばれなかった可能性もある。夫の死、経済的困窮の中で幼いT子は邪魔で、存在を無視され続けてきたのかもしれない。T子の低い自己評価、母親との潜在的葛藤

はこうした生育歴を背景に考えてみるとより理解が深まるだろう。だからこそT子がこれからもこのような表現をしたときには、「たとえば……」のように無視せずに取り上げる必要がある。

■ アセスメント ■

次に、スーパーバイザーは「この段階でT子についてわかったことを整理してみましょう」と言った。

① 母子関係について

「母親との関係には相当葛藤があるようです。末っ子という地位から、自分の価値を過小評価して劣等感をもっているのかもしれません。T子は母親に反抗的な態度を示していますが、自分では母親にどのような態度で接しているか、どのような感情をもっているかについては理解しているようです」。

② 同胞葛藤

「T子が面接の中で話していることを考えると、家事手伝いになりたいという気持ちは姉に対する劣等感を反映したものかもしれません。姉が家事をよくしていたということから、姉のようになりたいと、姉に同一化したい気持ちがあり、同時に姉を嫌っているのかもしれません。姉に対してアンビバレントな（両面価値的）気持ちがあるのではないでしょうか」。

③ クライエントの面接への抵抗

スーパーバイザーはT子が話したことや話している時の様子を私に聞きながら、T子の印象について語った。「クライエントというものは、心のどこかに援助者であるソーシャルワーカーに対抗心、すなわち敵対心を持っているものだということを忘れないように。T子が話した内容をそのまま真実とは受け止めないように注意すること」と言った。

スーパービジョンを終えて、今まで平面的だったT子のイメージが膨らんでいく不思議な感覚を覚えた。

3 第二回面接前のスーパービジョン

スーパーバイザーは、「次回の面接を組み立てるために検討しましょう」と言った。まず、初回面接のふりかえりをするようにとの指示があった。その後、これに基づき、留意点として以下の二点が指摘された。

■ 第二回面接の進めかた ■

① 一回目と二回目の面接を繋ぐこと

「次回の面接の開始に際しては、前回の面接のふりかえりから入るほうがよいでしょう。たとえば、『前回の面接であなたが話してくれたのでいろいろなことがわかりました。お母さんが口やかましいこと、あなたが仕事をしたがっていること、あなたがタバコを吸うのをお母さんが叱ることなど』と復唱し、これらの事柄をもう少し詳しく尋ねるようにすること」。

② 感情表出を意図した具体的な質問をすること

「前回の面接では、事実にまつわる感情についての聞き取りができていなかったので、今回は工夫をする必要があります。『あなたがずいぶん苦労して育ったことを所長から聞いています。今度は私に話してほしいのです』、『あなたの子どもの頃、お母さんは大変だったようですね』、『四歳のとき、お父さんが亡くなったと聞いています』、『小さいときから今までのいろいろな体験について話してほしいのですが』というように、感情が表出しやすい質問を工夫してみること。

■ 次回面接で取り上げる項目とその方法 ■

続いてスーパーバイザーは、「ソーシャルワーカーは、事実と感情の両側面を把握しながらクライエント理解を深めて行きますが、この段階では、T子がどのような思いで生きてきたのかを知ることから取り掛かるといいでしょう。そういう意味で次回の面接は生育歴を中心に組み立てる準備をしてほしいのです」と言って、具体的に面接で取り上げる項目、その順番、取り上げ方についての指導があった。

「たとえば生育歴を尋ねるときには、『あなたが覚えていることを話してほしいのですが』と生活史での印象深い出来事を聞いて生育史を辿るやり方もあるでしょう。また『五歳から一十歳までというように年齢を分けて順序立てて話してほしいのですが』と尋ねることもできます。ただしここで注意したいのは、生育史だけというように一つの項目で面接を全部使うのではなく、面接の最後のほうで今週あったことを話してもらう予定は入れておくように。まだ時間があるようならば、結婚している兄や姉についてT子の思っていることを尋ねてみてください。

面接計画の柔軟性

仕事のことが話題に出たら、「まだ今は無理だと思います。それについてはもう少しあなたのことを知ってから、一緒に考えましょう」と言うこと。クライエントの希望に沿って面接を進めるのではなく、専門家の意見をきちんと伝え、面接をリードすることも大切です。しかし、何がなんでも計画通りに事を運ぼうとしないで、T子のペースでゆっくりと話してもらうことも必要です。生育史をたどりながら前意識レベルのものが意識化されてくる過程で、クライエントは自分をよりよく知ることができるようになるのです。自然な流れのなかで話題を展開させるようにしなさい」。

スーパービジョンが終わって、前意識といったよく理解できない概念が気になった。スーパーバイザーは、「T子の社会的な逸脱行動は必ずしも彼女の意識下で行われているものではないことを理解する必要があります」と言っていた。人を理解するうえで必要な知識として、意識・無意識、前意識と無意識との相違は明確にしておかなければならないと考え、いくつかの書籍や自分のノートを調べてみることにした。

意識、前意識、無意識

■ 意識、前意識、無意識についての学習 ■

人の心のメカニズムを意識、前意識、無意識の三つの精神システムで概念化したのはフロイトで、意識から締め出される無意識の世界を前意識と無意識に分けているということだ。[5]「前意識」は注意と努力によって簡単に意識化が可能なものであるのに対して、「無意識」は、意識化すると大きな不安が起こるので自動的に抑圧されてしまっているという。

無意識は今まで意識にのぼることすら許されていないもので心の奥深くに収められている。無意識に押し込められた心的エネルギーは、出口を塞がれて蓄積されるうちに、精神症状に姿を変え表面化する場合もある。一方、前意識は意識できる準備がなされているため、くつろいだ精神状態や、ちょっとした刺激で解放され意識に上ってくる。解放された感情は人を理解するうえで欠かすことのできない多くのものを表出する。

■ ソーシャルワーカーは無意識領域を扱わない ■

ソーシャルワーカーとしては、T子自身がもつ内的な願望と行動のちぐはぐさを理解するために意識領域だけでなく、無意識の領域の知識を持つ必要がある。心的なメカニズムの学習は欠かせないものだが、T子との面接の中で彼女の無意識を扱ったり、無意識にある感情を表出させる試みは必要ないということがよく理解できた。ソーシャルワークは、人の生活支援をするために心理療法的アプローチの知識を適用するが、決して人を心理的に治療するものではないことがわかった。同時にクライエントのもつ力や能力、取り組み方法を理解するためにも、意識、前意識、無意識といった心理的要因にも注意を向けるべきであることが納得できた。

4　第二回面接後のスーパービジョン

スーパーバイザーは、第二回面接のプロセスレコードを読み終えた私に、「この面接は、情報を得ることに関して、T子の感情をキャッチしたよい面接でした。前回スーパービジョンで彼女の感情表出について具体的に尋ねるように言っておいた点が、今回の面接の中で取り上げられたことが随所に見られます」と言った。こうした評価を述べた後、スーパーバイザーは「T子の感情や考え方を具体的に検討して、さらにT子を理解するための工夫をしてみましょう」と言い、面接内容を検証する作業に入った。

スーパーバイザーは、私とT子との面接での会話を一つずつ取り上げ、丁寧に指導した。

①　ソーシャルワーカーが「私のほうが話しやすかったでしょ」と云ったのに対して、T子は「あなたとは話しにくかった」と言った

「この点についてはT子の言葉をそのまま聞き流さず、『どういう点が話しにくかったのか』と具体的に聞いたほうがよいのです。またその尋ね方についても私のほうがよいか悪いかではなく「友達のように話せるから、話しやすいのでは」と話を弾ませ、徐々にソーシャルワーカーがイニシアティブをとって「生育歴」などに方向付けるとよいでしょう」。

②　T子が「母親から自信を持つようにといわれた」と話した

「この話題はT子の母親に対する感情を引き出すうえでとても重要です。たとえば、『お母さんを信用していますか』、『お母さんに裏切られたと思ったことがありますか』など尋ねてみ

ます」。

③　Ｔ子が「母親に甘えているのかな」と言った

「『お母さんに甘えていた頃のことを覚えていますか』、『お母さんがあなたを入浴させていたのですか』、『誰と寝ていましたか』といった質問でＴ子の幼少期をたどってみます」。

④　Ｔ子が借金のことを話した。

「これは彼女が人からお金を借りることに対する罪悪感を示しているかもしれないので、『友達がお金を出してくれたとき、どんな気持ちだったのですか』、『そのお金が払えないと思ったとき、どんな気持ちだったのですか』、『お母さんや、お兄さんや、お姉さんはどう思うだろうと考えたことはありますか』など尋ねることで、Ｔ子の生育歴の部分が引き出せるでしょう」。

⑤　Ｔ子が「お母さんが怒った顔をする」と言った

「『いつも怒った顔をしているのですか、何かあった時だけなのですか』、『小さい頃からか、それとも最近そうなったのですか』、『お母さんが怒ったときの様子で何か思い出すことがあれば話してほしいのですが』など、尋ねてみます」。

⑥　Ｔ子について知るには

「『私は皆と違う』とＴ子が言ったとき、『どういう点で違うのですか』、『家族の人たちのなかでも違うのですか』、と聞いてみます。

『自分はじれったい、のろまです』と言ったときには、『家でも学校でも同じようにのろまなのでしょうか』と言ってみます。

『お姉さんと一番仲良し』と言ったとき、これは『お姉さんと一番よく遊んだということなのですか』、『一番理解してくれるという意味なのですか』と具体的に聞きます。

『友達がスーパーに勤めています』と言ったとき、『T子さんもそこに勤めたいと思っているのですか』、『この友達はお母さんが認めている友達なのですか』も尋ねてみます」。

⑦　姉について知るには

「『お姉さんはよく気がつく』とT子が言ったとき、『どういう点でそう感じるのですか』、『お姉さんは学校でもよくできていたほうなのですか』と尋ねます」。

⑧　母親への反抗について

「『母親がうるさい』とT子が言ったとき、『うるさいと感じたときに母親に反抗するのですか』、『母親に反抗するのは悪いことだと思っているようですが、反抗したあとどのような気分になりますか』と聞くことで、より詳しくT子の理解ができます」。

⑨　母親のT子についての評価

「『お母さんが私のことを気が利かないと言っている』とT子が述べたとき、『お姉さんやお兄さんと比べて気が利かないという意味なのか』について明らかにすること」。

⑩　二重人格について

「自分のことを『二重人格です』とT子が言ったとき、『そのことをもっと詳しく話してくれますか』と、さらに具体的に尋ねること」。

スーパーバイザーからこのように十項目にもわたり、面接の重要点と質問による介入の仕方の指導を受けた。私が何気なく展開してしまっている面接を、スーパーバイザーはかくも細かくチェックしていった。質問の仕方一つで見えてくるものが違ってくる。私はソーシャルワーカーが面接について準備することが必要であることは、十二分に理解しているつもりだったが、これだけの準備をしても、また次の面接では別の話題が出るかもしれないと不安になってきた。「思春期の子どもが話す内容は、そのときどきで変わることや多様であるということを心しておかなければなりません」というスーパーバイザーの注意を心に刻んで次の面接に臨もうと思った。

5　第三回面接後の緊急スーパービジョン

スーパーバイザーの危機管理

■面接のキャンセル■

第三回面接にT子は来所しなかった。T子から電話があり、来所できないとの伝言があった。

スーパーバイザーにその旨告げると、「このキャンセルにはなんらかの重要な意味があるととらえる必要があります。今一度スーパービジョンをします」とその場で緊急スーパービジョンが提案され、指導を受けることになった。

スーパーバイザーは、私が考える以上にケースのキャンセルについて重視しているようだった。キャンセルの電話も面接ととらえ、第三回面接としてカウントするようにと言った。続けて、キャンセルの事態の受け止め方について以下のような具体的な指示があった。

「第四回の面接は、これまでの三回の面接から明らかになったことに基づいて、ソーシャルワーカーがクライエントとともに取り組む問題解決の焦点を絞らなければなりません。面接開始後には、すぐに前回の面接をキャンセルしたこと、キャンセルの理由を取り上げるようにすること。具体的には、彼女がキャンセルの連絡をしたことにお礼を言い、理由も伝えてもらえるように話を切り出すといいでしょう。

面接計画の修正

6　第四回面接前のスーパービジョン

T子への対応について修正が加えられることとなった。前回のスーパービジョンですでに取り上げられていたが、スーパーバイザーからかなり具体的な注意と四回目の面接計画について以下のような指示があった。

①　T子の生育歴を尋ねること

「T子の歴史や家族の歴史を話してほしいと問うたところで、T子はそう気楽には話せないでしょう。何から、どのように話したらいいのか、わからないと思います。こういう場合は、T子が興味を感じていることから話してもらい、出てきた言葉などから、そのつど自然な流れのなかで家族のことや生い立ちについて聞くようにするといいでしょう。方向性を持つことが大切です。たとえば『庭がきれい』と言ったら、『あなたの家には庭がありますか』と話題を家族に戻して展開するようにしてほしいのです」。

②　T子の母親への甘えについて

「誰でも母親に甘えるのは当たり前です。甘えに対して罪悪感をもつT子に、『小さい頃は甘えていたのですか』とか、『誰と一緒に暮らしていたのですか』、『小さい頃に悲しい思い出があったら話してほしいのですが』と、一つの方向性をもって流れをつくるように尋ねなさい」。

③　仕事の話題について

「仕事の話題に固執するようなら、T子の個別の具体的な検討に入るのではなく、ハローワークや仕事について現実的に検討できるように話すとよいでしょう。たとえば『どこにあるのでしょうか』、『行き方を知っていますか』、『ハローワークに行くときはソーシャルワーカーも一緒に行くことができます』といったような積極的な取り組みをさせる工夫も必要でしょう」。

④　二重人格という自己認識について

「T子が自分は二重人格であると言ったことは、重要なことです。いろいろな方面に対する欲望があるのでしょう。『あれもこれもしたい、会社で仕事をしたい、友達と遊んでいたい、Aと一緒にいたい』などがあるのかもしれません。今は、T子がどういう人間になりたいのか、なるべきなのかを話題にする時期ではありません。人格にはいろいろな面があって当たり前です。T子はこのことを認識せず、自己処罰しているようだから、このような状況下では様々な感情をもち、いろいろな自分をみることはむしろ健全であると伝えるようにするとよいでしょう。ここでは二重人格ということに関する事実と感情を明確にすることだけでよいのです。『会社ではおとなしい』が『家では騒ぐ』というのはどのような意味で語っているのでしょうか。『騒ぐのは悪いことなのですか』、『なぜ悪いのでしょう』、『お母さんが嫌がっているからですか』、『お母さんはなぜ嫌がるのでしょう』などと具体的な質問をしながら、T子が置かれている状況、T子がその状況で感じていること、考えていることを明確にできるようにしなさい」。

キャンセル後の面接での留意点

■ 時間の扱いかた ■

「面接時間がルーズなクライエント、キャンセルが多いクライエントは特に時間の扱い方を意識的に取り扱う必要があります」と、スーパーバイザーは時間についての考え方を説明した。まず面接時間に関しては原則をしっかりと守るようにと、以下の三つの原則をあげた。

① 面接は予約時間通りにすること。
② クライエントが「早く来る」、「遅く来る」意味を考えておくこと。
③ 遅れてきた場合、時間を延長したりせず、その分を引いて予定の時間で終わらせること。時間の観念は社会性を学ぶ意味もあってルーズにしてはいけない。ソーシャルワーカーの側も同様である。面接で中座したりすることのないような配慮もしなければならない。クライエントが常に遅れてくるなら、なんらかの抵抗が働いていると考え、介入しなければならない。

キャンセル後の面接では、面接時間という枠の中で取り組みが求められ、援助関係における時間が重要な要素だということがわかった。

■ 新人ソーシャルワーカーのとまどい ■

スーパービジョンを受けて、私は、面接のキャンセルへの対応は慎重にせねばならないと感じた。面接記録から感じ取ったT子の分析についてスーパーバイザーから提示されて、

T子の理解がさらに深まった。T子による面接のキャンセルは、ある意味で私の救いとなった。「この段階で一番肝要なことは、ソーシャルワーカー・クライエント関係を丁寧に慎重に築くことです」とスーパーバイザーが言っていたが、キャンセルをどのように取り扱うかも、T子との信頼関係を形成していくために重要なことなのだ。ソーシャルワーク面接とは、面接技術を駆使して、クライエントの心理的状態を把握することだけではなく、クライエントの考え方、取り組み方、気持ちを理解することから始まることを再認識させられた思いである。

スーパーバイザーからT子への対応について修正を加えたスーパービジョンを受けてみて、私の気持ちは、前回とはずいぶん異なっていることに気づいた。次の面接では、ソーシャルワーカーとして、人のあたたかさを汲み取ることができる、余裕をもった面接をしたいと思った。

注

（1）F・ホリス／黒川昭登・本出祐之・森野郁子（訳）『ケースワーク――社会心理療法』岩崎学術出版社、一九六六年、二三三〜二三四頁。
（2）C・ブレンナー／山根常男・本村 汎（訳）『精神分析の基礎理論――社会科学者のために』誠信書房、一九六五、五五頁。
（3）H・H・パールマン／松本武子／（訳）『ソーシャル・ケースワーク――問題解決の過程』全国社会福祉協議会、一九六六年
（4）F・ホリス／黒川昭登ほか（訳）、前掲書。
（5）C・ブレンナー／山根常男ほか（訳）、前掲書、一八五頁。

第3章　問題の変革への働きかけ

1　第四回面接後のスーパービジョン

第四回面接は二日前に行った。記録をまとめるのには同じように時間がかかった。自分なりに気になることもあり、そこを中心に要点を押さえた報告をしたいと思っていた。いつものようにスーパーバイザーから、第四回面接記録を読み上げるようにと言われた。

■　第四回面接記録　■

T子は今日も約束の時間より少し早く来て待っていた。面接室に招じ入れると、前回の面接をキャンセルしたことを詫びて、そのまま無表情になって黙ってしまった。私がキャンセルの理由を確認すると、「耳鼻科に行ったから」と言ってまた黙ってしまう。「もうよくなったのですか」と尋ねると、「医者から手術の必要があると言われました」とうつむいたまま話し、間をおいて「お金がかかるので……」とぽつりと言う。治療費の支払いを心配しているようである。「誰かにそのことを相談しましたか」と尋ねてみた。母親が手術費の心配をして姉に話し、T子が勤めていた会社に姉が健康保険を使うことができるかどうか聞いてみることになっているようだ。T子は自分から積極的に話そうとせず、ソーシャルワーカーからの問いかけを待っている。手術を受けることをどう思うか、手術を受けてよくなることは何かを尋ねてみた。これまでにも何度か同じような耳の症状を繰り返してきたようで、「十日もすれば治ったから……」と、遠くを見るような目で話した。

「学校を休んだこともあったのですが、たいていは母親が仕事に出る前に学校に行かされました」と付け加えた。耳の病気と治療費について心配していると判断し、耳鼻科の手術については、私が費用や医師の意見を聞いておくと伝える。「他に今日話したいと考えてきたことはありますか」と働きかけてみた。「具合が悪いときは家で寝ていました……家の中が片付かないとか、……夕ご飯のしたくもしないでとか、……母親が不愉快そうな顔をします」とゆっくりと話す。

私が「家族以外の人とは話をしなかったの」と聞くと、「少しよくなったときに友達に会いに出かけて外で食事をし、友達がお金を払ってくれました」と話す。少し間を置いて「仕事をしていないので、友達とつきあうことも借金するような気分になるので、早く仕事に就きたいです」と自分の考えを口にした。「友達には何でも話せますか」と尋ねると、T子は「人によります。……自分ばかりが喋ることもあります。……友達から男の人の話を相談されることもあります。……いろいろでしょ」と、考えながら話した。

沈黙があり、私が「どんな仕事に就きたいですか」と尋ねると、「自分は何もできないけれど、料理や、洗濯、掃除をきちんとできるようになりたいです。だから家事手伝いの仕事をしてみたいのです。……姉が家にいたときには母親と一緒に料理をしていましたが、今は母親から手伝うように言われても、知らん顔して眠ったふりかテレビを観ていることにしています。……姉がいないので面倒なことが多いです。私はしたくても姉のようにはできないでしょ。わかってもらえないと思うけれど……」と言ったまま黙ってしまった。

終了時間になったので、一週間後の面接日時を確認し、「来週はあなたと家族のことをもっとよく理解したいと思います。仕事のことは耳の治療の次に考えましょう」と伝えた。急用で面接に来られないときには、私に直接電話をして事情を話してもらいたいということも付け加えた。T子はコートを着た後で、バッグの中から財布を取り出して私に面接料金を手渡し、「よろしくお願いします」と言って頭を下げた。

■ 身体状態の把握 ■

私はT子の耳の状態がよくないということが一番気になっていた。母親から放置されているような感じもあり、このまま放っておかれると聴力に障害が出ることになるかもしれないと不安だった。スーパービジョンでは、まずこのことを取り上げてもらった。スーパーバイザーは次のような指示をした。

母親機能の代行はしない

「T子の身体的なケアについてチェックする必要があります。これに関して、母親の機能をソーシャルワーカーが代行する関係に入ってはいけません。母親自身をサポートし、母親がT子の身体的ケアをするように導くこと。ついては母親に直接会ってT子の状態について聴取することから始めましょう。面接者は、T子の担当者以外の者で、母親の援助者として働きかけができる人を選ぶことにします。大切なのは母親に来たいという気持ちがあるかどうかで、もし来たくないというなら、無理に引っ張る必要はありません」。

料金についての契約

続けて、スーパーバイザーは、「これはT子の面接なので、T子自身の面接への動機付けを明確にするため、次の二点についてしっかりと契約を交わすように」と言った。

① 面接料金について、最初の取り決めは母親がしている。今までは母親がT子に持たせていたようだが、T子が面接にいくら払うかを話しあうこと。自分が支払うものとしてもう一度話し合うこと。

連絡の仕方についての契約

② 面接料金と同じように、T子とソーシャルワーカーの約束事として、変更などは、本人が直接ソーシャルワーカーに電話をしてくるようにしなければならない。T子が電話をすることによって面接を続けるという責任をもつことができる。

■ 親との並行面接について ■

次にスーパーバイザーは、母親面接を導入する意図を明らかにした。

「T子の身体的な問題が明らかになり、母親の役割遂行が重要な課題になってきました。この課題に加えて、母親には彼女自身の課題があるでしょう。母子合同面接でこれらを一緒に扱うことはできません。母親が彼女固有の課題と取り組まなければ、役割葛藤を乗り越えることは難しいのです」。

スーパーバイザーは、「母親面接の指示はすでに出してあるので、担当者から近日中に報告があるでしょう」と言った。

2 母親面接の導入

母親の面接はT子の五回目の面接前に行われた。T子との五回目の面接を数日後に控え、母親の担当者が加わってグループ・スーパービジョンを受けることになった。まず母親担当のソーシャルワーカーが面接記録を読み上げた。

■母親面接の記録■

母親は約束の時間に大幅に遅れて来た。担当者は面接開始の挨拶をした後で、T子について母親はどのように感じているか、耳の治療の必要性について尋ねた。母親は、「T子は以前、混乱していましたが、今は落ち着いてきています。耳が悪いのは小さい時からですが、治療費が出せずにそのままにしてきました。先日病院に行ったら、手術は今すぐに行ったほうがいいと言われました。治療には三週間位かかるそうです。風邪気味になるとすぐに耳垂れが出る状態はだいぶ前から続いています」とあまり悪びれた様子もなく答えた。

T子はいつも約束の時間より早く来るのに、T子の母親は大分遅れてやって来たようだ。

担当者が「T子さんのことをもっとよく理解し、彼女にどのように対応したらよいのかを一緒に考えるために、娘さんとの合同面接をしたいと思っていますが、どうですか」と提案すると、母親は「娘の様子をしばらく見てからにしたいと思います。少し考えさせてください」とためらった。担当者が「T子さんの問題は家族の状態と無関係ではありません。あなたも御主人が早く亡くなり、ご苦労があったことでしょう。今回の問題はあなた一人の力で防ぐこともできなかったでしょう」と語りかけると、母親はしばらく考え込んでいたが、「そうですね。娘とは別に面接を受けたいです。お正月を控えて忙しいですが、相談したいことがないわけではないので、都合をつけて来ようと思います」とあっさりと返事をした。母親の声の調子が少し変化して、「自分の子どもなのに、T子のことはよく知らないんです。あの子に触れることは何か腫れ物に触れるような感じです。触れるのがこわいような感じです。ソーシャルワーカーとの面接の内容も何も話さず、あの子は友達に会いに行っています。私があまりうるさく言わないからかもしれませんが、家の手伝いもしません。T子がここに来て帰ってきたとき、私が繕い物をしていたら、『まったく汚いところで仕事しているね』と他人事のように言うので、『T子がしてくれないからだ』と言ってしまいました」と語った。

私は母親の面接記録を聞いていて、母親がT子と面接している私に対して不満をもっていることを知った。

面接構造の確認

担当者は母親の面接希望を確認できたので、今後自分が面接の担当者になることを伝えた。そしてT子の面接料金については、T子が自分のお金で払うようにと話し合っていること、お母さんは別の扱いにすることを付け加えた。母親は、「いいえ、三回分ずつT子に持たせるようにします」と言ったが、担当者が「これはT子と彼女の担当者が決めることです。多分一回毎に払うことになると思います。T子が責任を持って面接に来るようにするために必要なことですから」と説明して母親の了解を得た。

面接が終わる頃になって母親から、「T子はお手伝いさんになると言い張っていますが、教えなければならないことが山ほどあります。家の手伝いもしようとしないのに。こういう時にはいちいち言ったほうがいいのでしょうか」と質問した。担当者が「普通に言ってみたらどうでしょうか」と答えると、母親は「言われなくてもできる姉とすぐくらべてしまいます」と少し声を小さくして話した。

母親面接の報告を聞いて、母親がT子も私をも信頼していないと感じた。私はT子の面接担当者としてしっかりしなければならない。私はT子をサポートする役割を担っているのだという自覚が強くなった。

■ 母親面接のふりかえり ■

スーパーバイザーはこの面接報告を聞いた後、母親のT子に対するかかわりについて気になる点として七つ挙げた。

①　母親がこの面接になぜ遅れてきたのか問うべきだった。ソーシャルワーカーは面接の勧めをしているが、母親は来たいという意思をもっていない。この言い方は婉曲に支援を断っていると考えた方がよい。

②　母親は、T子の行動に自分が関与しているとは思っていないようだ。T子の問題についての理解が欠けていると思われる。

③　T子が母親のことを考えているほどには、母親はT子について関心がないようだ。子どもに対する素朴な愛情が感じられない。

④　感情表出において、T子は母親よりノーマルかもしれない。

⑤　娘に対する母親の期待水準が高いようだ。

⑥　T子は面接で示す態度と、家で示す態度が違うように思うが、母親のこうした見方が影響しているのか。

⑦　母親は「T子が面接の内容や友達との出来事を話さない」と言っているが、娘は言わない権利をもっているし、T子に無関心な母親ならそのような反応をしないのではないか。

親面接の位置づけ

■家族との協力関係とその位置づけ■

私はT子との面接で母親の協力を期待していたが、母親についてのスーパーバイザーの評価を聞き、厳しい状況を直感した。スーパーバイザーは、「現段階では母親を対象とした継続的な面接は行えません。母親との面接はあくまでもT子をサポートする補助的なものと考えたほうがよいでしょう」との判断を下した。そしてスーパーバイザーは、私に向かっていつになく優しい口調で言った。

「母親にはT子の問題を自分とのかかわりで考えようとする意志はないようです。こちらが要請すれば応えてくれるかもしれないが、あくまでも表面的なもので、嫌々従う感じになるでしょう。しかし、T子はむしろあなたを羅針盤として動いていくようになると思います。その意味ではT子は変革期に入り始めたといえるでしょう」。

今回の母親面接は、T子の個人面接をサポートする意味合いで設定されたものだった。母親にはT子の親としての役割遂行上の課題や母親固有の課題があると考えられていた。しかし、母親にその自覚と取り組み意思はないとスーパーバイザーは判断した。母親に対して変化を求めるような介入はしないことになった。私としては、「せめてお金の心配をせずに、耳の治療を受けさせてあげたい」、「姉とT子を比較しないでほしい」など、母親に提案したいことはいっぱいあった。が、母親を協力者として位置づけられないとするアセスメントを聞き、こうした私の思いを言葉にすることを控えた。

3　自力で取り組んだ面接準備

母親担当者とのグループ・スーパービジョンを終えた後、私は自分で次回の面接計画を立ててみたくなった。スーパーバイザーに指摘されそうな項目を想定しながら、質問に的確に答えられるように綿密に準備をした。

■ 面接の要点と対策 ■

①　面接の出だし

「この一週間どのようなことがありましたか」と尋ねる。

②　面接料金について

面接料金のことを話す時には彼女の感情を把握する。料金を貰った時に、礼を述べる。「自分のお金で払うということはどのような気持ちですか」と尋ねる。

③　沈黙が起こったとき

「今、何か言いたいのではないでしょうか」、「今、何を考えていますか」と問う。

④　彼女がA氏についての話題を出したとき

「Aさんとは、楽しい想い出があるのでしょう。連れ帰られたときは辛かったでしょう」、「その頃のことを今でも考えますか」、「皆が迎えに行ったとき、T子さんはどう思いましたか」と質問する。

⑤　「じれったい」、「のろま」といったT子に向けられた否定的な評価が話題に出たとき
「学校とか、友達と一緒の時はどうですか」と聞く。
⑥　二重人格についての話題が出たとき
「それはどういうことですか」、「なぜ悪いことなのですか」、「二つの人格が極端な形にならないようにはできないのでしょうか」と言う。
⑦　姉について話題が出たとき
「学校での成績もよかったのですか」、「お姉さんの結婚についてどう思っていますか」と聞く。
⑧　母親との関係について話題が出たとき
「母親を信用していると思いますか」、「小さいときに裏切られたと思ったことはありませんか」、「甘えた記憶がありますか」、「小さい頃からお母さんは、あなたの友達が遊びに来るのを嫌がったのですか」、「いつもお母さんには腹を立ててきたのですか」、「小さい頃、お母さんに腹が立ったことで何か覚えていることはありませんか」と問う。
⑨　仕事についての話題が出たとき
「仕事の紹介をしてくれるハローワークに行きましょう」、「お手伝いさんの仕事もあるかもしれません」、「私も一緒に行きたいです」、「行く時はお母さんの許可を得て行きましょう」と言う。
⑩　レクリエーション・グループについての話題が出たとき
「入りたいと思っているのですか」、「入るとしたらどのようなグループに入りますか」

クライエントとの同一視

と具体的に聞く。

私にとってスーパービジョンは、口頭試問を受けるようなプレッシャーになっていたのかもしれない。初めてのケースということもあって、当初から気負いがあったのだが、とにかく自分の力で面接過程を進まなければならないという思いと、スーパーバイザーから認められたいという二つの思いが強くなってきた。T子の人生と真剣に向かい合い、T子の気持ちを聞いているうちにT子の視点で物事をとらえている自分がいるような気がしてきた。T子のもつ母親に認められたいという思いと、母親を打ち負かしたいという矛盾した思いに似たものを、私はスーパーバイザーに対して感じていたのかもしれない。

4 第五回面接後の個別スーパービジョン

スーパーバイザーに第五回面接記録を読み上げた。

■ 第五回面接記録 ■

T子は約束の時間をちょっと過ぎて現れ、バスに乗り遅れたと、その理由を言う。私は面接終了時間を確認してから、「今週はどんなことがありましたか」と尋ねた。T子の姉がT子の元職場のカウンセラーに健康保険のことで話を聞きに行き、まだ退職手続きをして間もないので、健康保険を使って手術を受けられることがわかった。ついでに姉がT子の家出騒ぎの事後報告をするなかで、今T子が相談所に通っていることを話したところ、カウンセラーは姉に、「T子さんはJ市（家出先）に二度と行ったらだめだ」と忠告したことを姉が話してくれた。私が「それをお姉さんから伝えられてどう思ったのですか」と尋ねると、とまどったように首をかしげて「わかりきったことでしょ」と言った。そして「Aさん、もう九州に帰っちゃったから、今はもう考えないことにしています」と言って浮かない表情をした。私が「J市では楽しかったのですか、誰に親切にしてもらったのですか」と話を向けると、顔を上げて私の顔を見てからまたうつむき、「Mさんという人に世話になりました、色々教えてもらったけど、今はもう行きたいとは思いません」と言う。沈黙で間が空き、私が「確か、お姉さんたちがJ市まであなたを迎えに行きましたね。そのときはびっくりしたでしょうね」と言うと、「ハイ、びっくりしました」と言ってまた黙ってしまう。「お姉さんの顔を見てどんな気持ちでしたか」という私の問いかけに対して、「兄が怖い顔をして、『一緒に帰ろう、お母さんが心配している』と言いました。これ以上兄の言葉にそむけば罰が当たるような気がして、一緒に帰ってきました」と小声で話した。話が続くのを待ったが、T子はまったく別のことを考えているふうだった。

私が「何か心配していることがあるのですか」と問いかけると、T子は話題を転じて、「最近母親から言われて家の用をするようになりました」と言う。夕ご飯のしたくや掃除を言いつけられてしたという。私が「それはとてもよいことですね、きっとお母さんが喜んだでしょう」と返すと、「そうですね……、でもこのぐらいのことはどうということもないです」と気のない声で返答した。「お母さんを喜ばせることは簡単ということですか」と私が問い返すと、「母に不機嫌な顔をされるのもいやでしょ」とT子はこともなげに言った。

面接終了時間が近づいていた。私はT子が母親の思惑を気にしているように感じたので、「面接に行ってきたことをどのようにお母さんに話しているのですか」と尋ねてみた。T子は、「お母さんは聞きもしないし、仕事のことも決まらないので言ってみたところでしかたがないと思います」と言う。これまでの面接内容は、私から問われて返答をするような印象を受けた。（何でも話せる友達のようには思っていないように感じられた）。「面接の内容はお母さんには伝わることはありません」としっかりと伝えた。T子は「ふーん」と言って考え込む様子になった。

次回面接日時の約束をし、「あなたとお母さんやお姉さんとの関係が少し私はわかってきたような気がしました。来週また会うのを楽しみにしています」と伝えた。T子はお財布を取り出して「それじゃー、これ……」といって私に手渡したので、私はT子の顔を見ながら、「このお金はお母さんからどのようにしてもらうのですか」と尋ねてみた。「翌日はクリニックに行く日だとわかっているので、前の晩にお母さんが渡してくれます」と言って、不審そうな表情をする。私は「ありがとう、面接料金を払ってくれて」と頭を下げて別れた。

開かれた質問

■ 面接技術についての指導 ■

スーパーバイザーは「今回の面接はソーシャルワーカー中心の面接になっています。質問形式の面接が会話を硬直化させていて、ソーシャルワーカーもクライエントも考えることの広がりと深さを失っているようです」と簡単なコメントを述べてから、「今日は面接に必要な技術上の指導をするので要点をメモしておくように」と言った。

私は筆記用具を取り出し、スーパーバイザーの言うことを必死の思いで書き取った。どれも大切なことばかりだった。

■ 質問のしかたの諸注意 ■

「クライエントが『イエス』『ノー』で答えるような閉ざされた問いが多すぎます。あなたはT子が客観的に考えていることを話させようとしているのです。事実のみを追いかけ、T子の感情を無視しています。質問の仕方が抽象的で漠然としていて答えにくいのです。たとえばT子が、「皆優しくしてくれる」と言ったとき、「誰が、どういう時に、優しくしてくれたと感じるのですか、誰から、どういうときに、怒られたと感じたのですか」といった聞きかたで、クライエント自身が自分の状況を明確にすることができるような質問をしていくこと」。

ソーシャルワーカーの率直な反応

「家族が逃亡先に迎えに来たときのことを、T子は『びっくりした』と普通に話しています。ここはとても大事な場面で、T子の家族に対する心境を表出しやすいところです。『びっくりしなかったような言い方ですね』と、T子の落ち着いた反応が意外だという率直な感想を述べると、家族に対する感情を語るきっかけになるかもしれません。『家族が迎えに来なかったら、どうしようと思っていたのですか』、『家族と離れてどのような生活をしようと思っていたのですか』とソーシャルワーカーの率直な反応で構成された、具体的なイメージで答えられる質問をしてみたほうがよかったでしょう。

■ 事実の具体的な把握 ■

非審判的態度

「A氏との逃亡先での様子というようなシリアスな話題が出たときは、非審判的な態度で、事実をできるだけ具体的に聞くこと。T子の泊まった家の生活の様子や、その逃亡先は全く知らない土地だったのでしょうか、それともT子はその家のことを事前に知っていたのでしょうか。そこでT子は何をしていたのでしょうか。いつから逃亡を計画していたのでしょうか。T子にとって逃亡の日々はどのようなものだったのでしょうか。このように具体的な事実とT子の気持ちをたどりながら聞いていきます。事実に触れるときには、『あなたにとって重要なことだと思います。話をしてくれてありがとう』という一言を入れて感情的側面への手当てを忘れないようにすること。またこうした事実に直面するときは、非審判的な態度で、クライエン

カタルシス

トの人権を尊重しつつ、社会的判断をどこまで入れるかも考えなさい」。

■状況と感情の明確化■

「T子が客観的な言い方を多く用いているが、これは彼女自身の考えでしょうか、母親や姉の考えでしょうか。T子が『お姉さんが行かないほうがいいと言ったから』と話したとき、その状況とT子の気持ちを明確化する働きかけをすることで、T子の姉に対する感情が表出されるようになります。A氏についての感情でも、T子はA氏とのことを楽しかったようには話していません。『今は行きたいと思わなくなりました』と言ったとき、聞き流さず『とても期待していたでしょうに、その矢先に潰れてしまって辛かったでしょう』と間髪入れず応じると、A氏に対する感情が表出されるかもしれません。またT子は逃亡先でお世話になった人に、『お礼がいいたい』と言っているが、A氏とつながる人に会いたいということなのか、T子がお世話になったことへの感謝の気持ちの表れなのかを明確にするようにしなさい」。

■感情の言語化■

「T子が『母と喧嘩して頭にきました』と言ったとき、T子が怒りをもっと自由に表現できるような雰囲気を作り、言葉を使って具体的に感情を表現させる工夫が必要です。自分は誰に（何に）怒っていて、どのくらい怒っていて、どのように腹が立つのか、感情を意識化できるように聞いていきます。これは精神療法で一般的に用いられるカタルシス（換気法）という技法で、心に溜まっている感情を吐き出すことで、気持ちを解放できるのです。言語化は感情の発散だけでなく、前意識のものを意識して、自己認識を高める効果も期待できます。ここではT

子の母親への怒りを表出することにとどめることなく、T子がその裏側にある愛情や依存感情も認識し、アンビバレントな葛藤を意識化できるようにしていくことが大切です。ソーシャルワーカーは無意識レベルの奥深い感情を表出させることはしないので、カタルシスは比較的安全な技法です。しかし、感情の表出を過剰に刺激したり、受動的な傾聴姿勢でいたりすると、感情の統制ができなくなったクライエントは混乱状態に陥ってしまうリスクがあることに注意しなければなりません」。

■ サポートのしかた ■

「T子の『最近お母さんのお手伝いをよくするようになりました』という発言に対して、ソーシャルワーカーは『よかったね、えらかったね』といった承認をしているが、ソーシャルワーカーの価値基準を示すことになり、サポートになりません。ソーシャルワーカーは社会の代表のようになって、T子の言動を評価する役割、つまりスーパーエゴとして機能しないように注意しなければなりません。あくまでもクライエントの側に立って、クライエントが実際にしたこと、考えたことを確認するような質問で、クライエントの取り組みや気持ちを理解することがサポートにつながっていくのです。『お母さんは喜んでくれましたか』、『喜ばすために、やっているということですか』、『本当はやりたくないということですか』、『A氏と一緒のときも料理や家事をやったのですか』といった受け答えがよいでしょう」。

スーパーエゴ（超自我）機能の代行

■ 沈黙の扱いかた ■

面接とは話にくるところであるから、面接の場での沈黙にはクライエントのいろいろな意味が込められている。

沈黙の意味

「クライエントは次に何を話そうかと考えているかもしれません。これまで話したことをふりかえっているのかもしれません。面接に集中していない、話すことに飽きた、話すことへの抵抗、ソーシャルワーカーに対する反発などいろいろあるでしょう。沈黙が起こったときは、ソーシャルワーカーの反応にも独特のものがあります。イライラしてくる、面接が継続できないことで不安になる、冷静さを失い主観的な感情に浸ってしまうなど、ソーシャルワーカーの態度も沈黙に複雑な意味を与えていきます。まず沈黙に注意を向け、その意味を考えたうえで、率直に反応することが肝心です」。

沈黙を破るときの原則

「『今、何を考えていますか』、『私は、あなたの話したことがらも一緒に考えているので、黙ってしまうと突然あなたがいなくなってしまった感じがしています』といってソーシャルワーカーの方から沈黙を破っていくのがいいでしょう。

その際、『クライエントの沈黙』に対して新しい話題を提供する動きは作らないようにしなければなりません。それは、ソーシャルワーカーがクライエントの話そうとしている内容を抑え込むことのないように、またクライエントが自分の心の動きに合わせて行動するときにソーシャルワーカーのイニシャティブでクライエントの動きを作らないようにするためです。『沈黙』は自分自身を見るチャンスでもあるので、この時間を奪わないように介入には慎重さが求められます。ソーシャルワーカーの支援は、クライエントが自分の人生に責任をとるようにすることです。クライエントがしなければならないことをソーシャルワーカーが代わってしてはなりません。その理由として、クライエントは面接を通して自分の意志を確認し、それを伝達するときには工夫する努力が必要なのです」。

■ 早期すぎること、深すぎることの戒め ■

「第五回の面接で、クライエントに客観視を求めた働きかけには無理があります。まだ変革への働きかけの段階であって、変革に向けて何かを掘り下げる時期ではないのです。早すぎた介入は、クライエントの過剰防衛や極端な罪障感を刺激する恐れがあります。これは後の介入を困難なものにしたり、ソーシャルワーカーとのかかわりが外傷体験になったりする危険性をはらんでいます。

客観的考察はクライエントの主観的な感情を十分に表出させ、否定的な要素を表現してからのほうが効果的です。客観視が必要な場合、『もし知り合いにそのような娘さんを持っている人がいたとしたら、あなたはその知り合いにどのようなアドバイスをするかしら』というようにかなり距離をとった問いかけが必要です。もうすでにソーシャルワーカーはクライエントに強い影響力をもつ立場に入っています。このような関係では何を言うか、何のために言うのか、いつ言うのか、常に考えて言葉を選んで話すことが求められます」。

■ スーパービジョンによる学び ■

第五回面接のスーパービジョンでは実に多くのことを学んだ。このスーパービジョンを数日反芻していた。自分でしっかりと立てたつもりの面接計画が、クライエントのニーズに合致した援助者の視点ではなく、スーパーバイザーの評価を意識したものだったと反省した。

スーパービジョンの機能

スーパービジョンは、自分がしたことの評価や支持を得る場というより、面接の内容や過程を一緒に点検する場であり、ソーシャルワーカーの実践能力の向上を目指した教育の場であることを改めて認識させられた。第五回の面接を終えた後、何かT子の話題にかみ合わない感じがしていた。「就労支援という具体的な課題の取り組みがないことに母親が不満を言っています」というT子の一言に私の支援者としての未熟さを批判されたような気がして一瞬気持ちが引いてしまっていたような感じもしていた。

この点に関して、スーパーバイザーから、「これは母親がT子を使って言わせていることです。あなたが反応すると、これがT子の意志になってしまいます。これこそがT子の課題なのです。T子が彼女の考えや意志で話し、行動することをあなたが導くのです。そうした方向性が指し示されていれば変革は自ずと生まれてきます」という説明があった。これを聞いて、T子の支援者としてT子と向き合っている自分がいるのを感じた。

スーパービジョンを通して、「反社会的行動の抑制」、「仕事探し」といったT子への支援は、「T子の自立」という発達課題との関連で展開していることがよく理解できるようになった。T子が抱えている問題に対して変革を働きかけて行くためには、何よりもT子と二人三脚ができるような関係形成が大切だろう。T子の日常に触れ、T子についてもっと知りたいと思った。

5　緊急スーパービジョン

■ 担当者の変更要求 ■

面接予定日の前日に、母親からT子が次回の面接をキャンセルしたいと言っているという連絡が入った。「T子は面接をやめたがっています。ソーシャルワーカーが若すぎて不安なので、もっとベテランの人に担当してもらいたいのです」と言っているとのこと。こうしたメッセージはT子との面接のなかで聞いてはいたものの、母親がスーパーバイザーに直接電話をかけて来た強引さと、その露骨な言い分を聞いて、私は内心穏やかではなかった。スーパーバイザーは、次のように答えたと言う。

「とても大切なことなので、そういった不満をT子さん自身からざっくばらんに担当ソーシャルワーカーに伝えてほしいのです。話し合いのなかで不満を解消することが必要です」。

スーパーバイザーは、「この事例はとても大切な局面に直面しているので、今からこの件についてきちんと整理するため、すぐスーパービジョンを行いたいと思います」と言って私を呼んだ。まず母親からきた電話に関しては次のような指導を受けた。

「母親の言葉は、ソーシャルワーカーとクライエントの関係が形成されるところで起こってくる家族特有の防衛反応ととらえることができます。これはT子に変化のきざしが現れて、従来の家族関係のバランスが揺さぶられているということでしょう。このまま自信をもってやるとよいでしょう」。

支援者の役割と自己覚知

■ クライエントの具体的な要求への応じかた ■

私は冷静でありたいと思いながらも、「新米」と言われ支援者としての価値を下げられたことに少なからず傷ついていた。少しでも役立つ自分を印象付けたいとの思いに突き動かされ、スーパーバイザーに、「次回の面接では、具体的な課題を一緒に取り組む関係を作りたいのです。たとえばハローワークに同行して一緒に仕事を探すなど、T子と共有体験をしたいのですが」という希望を出した。スーパーバイザーは私の思いを解釈したり介入したりすることなく、次のようなアドバイスをした。

「ソーシャルワーカーは、リードしたり決定を出したりしないように配慮した働きかけをしなければなりませんが、行動する前に『どのような効果を予測しているのか』、『その結果どのようなことが予測できるのか』を検討することが必要です。『ハローワークにソーシャルワーカーが一緒に行くのはどうでしょう』、『一人で行くとしたらどうでしょう』といった質問をしながらクライエントの気持ちを聞くことから始めるとよいでしょう」。

私はT子が「ハローワークを通すと、雇用保険がもらえなくなってしまうかもしれない」と心配していたことを思い出し、それを伝えると、スーパーバイザーから次のような提案があった。

「それも大切な現実検討の材料です。『こういう現実がありますが、どう思いますか』、『どうしたらよいでしょうか』と一緒に検討する過程でソーシャルワーカーとしての意見も出したらよいでしょう」。

■ 受容について ■

私の迷いを見透かしたかのごとく、スーパーバイザーは話し始めた。

「クライエントを受容するということは、クライエントの人権を尊重するということは、クライエントの行動や要求をそのまま容認することではありません。クライエントの生き方を尊重し、社会的に適応できるように関心をもって、よく考えて援助するのがソーシャルワークです。問題をもっている人は、自分の生き方を現実に密着させることができずにいます。ソーシャルワーカーはクライエントの置かれた状況を認識できるように導くのですが、自分の道徳観に基づいて誘導するようなかかわりであってはなりません。

十七歳の女の子が、三十五歳の妻子ある男と恋愛します。そのときソーシャルワーカーは『いけないことです』と言わず、細かな現実検討によって、この事実がもたらす意味について一緒に考えるのです。『十七歳の少女が母になるとどうなるでしょうか』、『この年齢差は交際関係などを考えたときどのようなものになるのでしょうか』、『妻子はどのような反応をするのでしょうか』……検討材料はいっぱいあります。ソーシャルワーカーはクライエントに代わって生きるのではないから、決して自分の価値を押し付けてはなりません。クライエントの生き方を決定するのはクライエント自身だということを忘れないように」。

■ 自己覚知について ■

「あなたは、この件に関して相当動揺していますね。対人援助の専門家として成長していくために」と言って、スーパーバイザーは自己覚知について以下のように語った。

「対人援助の専門家は何らかの形でクライエントに影響を与える立場にあるので、自分の欠点や長所について、また自分がどのようなケースに適して、どのようなケースには適さないのか、知っていなければなりません。また自分が担当しているケースで自分がどのような役割を担っているか、自分の存在がどのような影響を及ぼしているかについての考察を怠ってはなりません。

このケースの場合、クライエントとソーシャルワーカーの同一化を基軸に変化を起こさせようとする意図的な介入を行っているので、クライエントはソーシャルワーカーを同一化のモデルとしていくはずです。同一化が起こると、ソーシャルワーカーをモデルにクライエントの自我が強化される場合と、対象との一体化で依存性が高まり自己機能を低下させる両極端の動きが出てきます。そこでソーシャルワーカーは十分な自分自身の感情統制力をもって、自他の気持ちを混合する同一化が起きないように技術と観察を駆使する必要があるのです。

たとえば、未亡人のソーシャルワーカーが未亡人のクライエントを担当したとします。自分を資源として自分に戻り様々な材料を引き出すことができるので、理解は深いかもしれません。しかし過剰な同一化で、ソーシャルワーカーの主観的な判断が多くなってしまう恐れもあります。クライエントは主体性を見失ってしまうかもしれません。また過剰な共感性は同情心となり、クライエントの自尊心を奪ってしまう危険性もあります。ソーシャルワーカーは援助を求めてくる人と同一化を図っていくのであって、問題に焦点を合わせた同一化をしてはならないのです」。

変化が発生しやすいこの時期において、ポジティブ転移、同一化、修正的関係に特徴付けられるソーシャルワーカーとクライエントとの関係の構築が、大変重要なテーマになっていたことを強く認識した。私はT子に起きつつある変化を確認するためにも、T子に早く会いたい、そしてT子の変化がT子自身の力として定着するように一緒に歩みたいと思った。

また、「自己覚知」についてさらに理解を深めようと、書物も調べてみた。デッソー(1)は次のようなコメントをしている。

ソーシャルワーカーの仕事は「話を聞くこと」と思っている人がいる。ソーシャルワーカーはただ傾聴するのではなく、クライエントにずいぶん多くの働きかけもする。そのためソーシャルワーカーには勉強や訓練が必要とされている。人間は誰しも様々な問題を抱えているものだが、クライエントの問題がソーシャルワーカー自身も解決できていない問題だとすると、このケースを担当することが無理だということである。たとえば、ソーシャルワーカー自身が親子関係に未解決な問題があるとすると、親子の関係で悩んでいたり、課題を持っていたりするクライエントの援助者とはなれない。二年前まで悩んでいたが、今は解決されているというなら非常によい。大切なことは解決されているということである。解決されていない課題を援助者として扱うとすると、どうしても主観的な気持ちが入って、援助過程に支障が出てくる。

人は様々な劣等感をもって成長する。私もずいぶん長いあいだ自信を喪失していた。自分はだめな人間だと思っていた。しかし、ソーシャルワーカーとしての訓練の過程でその気持ちを克服することができた。自信がなかったのに自信を持つことができたという人は、自信を失っている人をよく理解できるようになる。

参考文献

(1) D・デッソー/上野久子(訳)『ケースワーク・スーパービジョン』ミネルヴァ書房、一九七〇年。

第4章　変革期

1　評価会議の開催

待っていてもT子からの連絡はなかった。スーパーバイザーは私に「母親の操作が強いので、まず母親の気持ちを受け止めることが必要かもしれません。T子を面接に呼ぶ前に機関の協力要請という形をとって、母親面接を導入することにしました」と伝えた。

数日後スーパーバイザーは、「T子の支援過程が変革期に差しかかっているので、これまでの評価と今後の方向性を出す必要があります」と言って、このケースについて評価会議を召集した。

評価会議には所内のソーシャルワーカー全員が出席した。まず母親面接の担当者から第二回の母親面接についての報告が出された。

■第二回母親面接の概要■

母親はT子の仕事について途切れることなく話した。「T子は雇用保険をもらえるような仕事がいい、ヘルパーの仕事ならばたくさんあると思う、と言っています。私は一日も早く仕事に就いてほしいのですが……ハローワークをあてにするより知人から世話をしてもらったほうがよいのではないでしょうか。お手伝いさんのような仕事のほうがよいと思いますが、子どもを預かるような仕事は困ります。奥さんがずっと家にいるようなお宅であればいいのですが。自分も十五歳から二十歳頃までお手伝いさんに行き、奥さんからいろいろなことを習ったから。T子には自分から進んで『仕事をしよう』というような自発的な気持ちを持ってほしいです」。また、母親は自分自身の生活史とT子について語り、娘の担当者のT子への対応について不満を述べた。

母親の生活史

「私の父はとてもしつけに厳しかったのですが、その頃は特別のこととは思っていませんでした。しかし、父との関係は他人行儀でした。家は洋服屋でした。きょうだい六人で、自分は第二子です。妹が二人死んでおり、一番下の妹は母が四八歳の時の子どもです。子どもの頃は、日曜学校に行くのが唯一の楽しみぐらいで、うんと遊びたかったです。二十七歳の時に母が死亡し、家族の面倒を全部みるようになりました。一人っ子だったらよかったのにと思っていましたが、夫が死んだときには、きょうだいがもっと多ければと思いました。父の命令で和裁を習いました。『和裁をきっちりやれ』とよく父に怒られました。先生がよい人だったので、今ではよかったと思っていますし、父に感謝しているが、その当時は編物の方が好きでした」。

母親の当相談機関への要望

「自分の母は何でもする人でしたし、私も何でもやります。人のよいところは見習うようにしていました。T子も人のよいところをもっとまねるといいのですが、自分でやろうという気力がないのです。何もしないで辛くないのでしょうか。十時まで寝ていて何もしようとしません。起きてくれないと掃除もできないのに。あの家出の一件があってから、遠慮というか、黙ってみているようにしています。しようがない、放っておこうという感じです。怒らないで黙っているといい気になります。姉だったら何でもしてくれるのに。でもT子に『姉はこうだった』と言うとやってくれます。T子の小さいときは姉が全部やっていました。T子は姉に任せっきりで知らん顔をしているのです。この相談所ではもっと、私やT子に『こうせよ』と具体的に教えてほしいのです」。

■ クライエントについての検証 ■

私は母親面接をした同僚の報告を聞きながら、何かわりきれないものを感じていた。このところT子はキャンセルが続いているのに、母親は面接に来て不満を訴えている。スーパーバイザーは母親面接の担当者の報告の後、私に、「T子のしていることを以下の三点から検証してみるように」と言った。突然だったが私は比較的冷静に自分の考えを述べた。

① A氏に対するT子の気持ちについて

T子が率直に事実を語っていること、A氏に対する彼女の感情も十分に語られていることから考えると、T子はかなり整理できていると思われる。

② T子の仕事について

私からは焦点を当てたり、リードしたりしていないので、T子のニーズに沿って対応しているつもりである。

③ ソーシャルワーカーである私とT子の関係について

ともに歩む関係を進展させる努力をしている。支援関係のなかで豊かな感情が行きかうようになったと感じている。私が上位でT子を従属させる関係には断じてならないように注意している。T子の劣等感の強さを刺激しないように話題に配慮して、T子の試みを励まし、その結果を評価するというかかわりを丁寧にしているつもりである。

家族全体を視野に入れる

スーパーバイザーは続けて、T子についてどのような問題を感じるのかと私に尋ねた。私は、「人に左右されやすく主体性がないこと、自主性がないこと」の二点を挙げて、T子にはT子がいいと感じていることを表出させ、私が方向性を指し示したり、決定したりしないように十分配慮している。しかし、このことはとても難しい。T子や母親のように他者に判断を求めてくるようなクライエントに対して、どのように応じたらよいか迷いがあることを話した。

これに対してスーパーバイザーは、「事実と感情の両面から明確化を図り、自己決定を促すこと。そのときは必ず、クライエントが判断を下したことについて、どのように感じるか、たとえばすっきりしたのかなどを問うこと。自己決定に目を奪われて、クライエントの感情への目配りを怠らないように」と注意した。

さらに、スーパーバイザーは、当相談所の組織としての側面や家族を視野に入れる必要があるといった。

「相談機関は、組織的に緊密な連携体制が取れていることが必要です。この機関では、ソーシャルワーカーによる最善の援助をするために定期的に会合を開き、チームワークを展開しており、T子のケースでも十分な連携が取れています。母親にはこの体制のもとで面接を行っていることを伝えたほうがいいでしょう」。

■ 組織の連携と秘密保持について ■

母親との並行面接を導入するにあたって留意しなければならない点として、スーパーバイザーは「組織の連携と秘密保持の関係を明確にしなければなりません」といって、つぎのような図を示した（図表4-1）。

「担当者が一同に会するグループ・スーパービジョンでは、組織的にクライエントを援助するうえで必要な情報提供を行います。他のソーシャルワーカーから得た情報を、自分の担当するクライエントに伝聞情報として軽率に流すことは厳に慎まなければなりません。

現段階は、T子の援助を中心に考えて、母親には母としての役割遂行を補助的に援助します。子どものためにやってくる親への個別援助の場合、親の個人的問題に焦点を当てることを急がず、親本人の動機づけに沿いつつ、徐々にその親自身に焦点を移行するとよいでしょう。親から子どもについての情報を求められた場合には、『子どもに直接聞いてみたことはありますか』、『どんなことがあると思いますか』、『それを知るとどのような利点がありますか』などと、その情報に関するクライエントの考えを確認してみることが重要です」。

図表4-1　スーパービジョンの構図

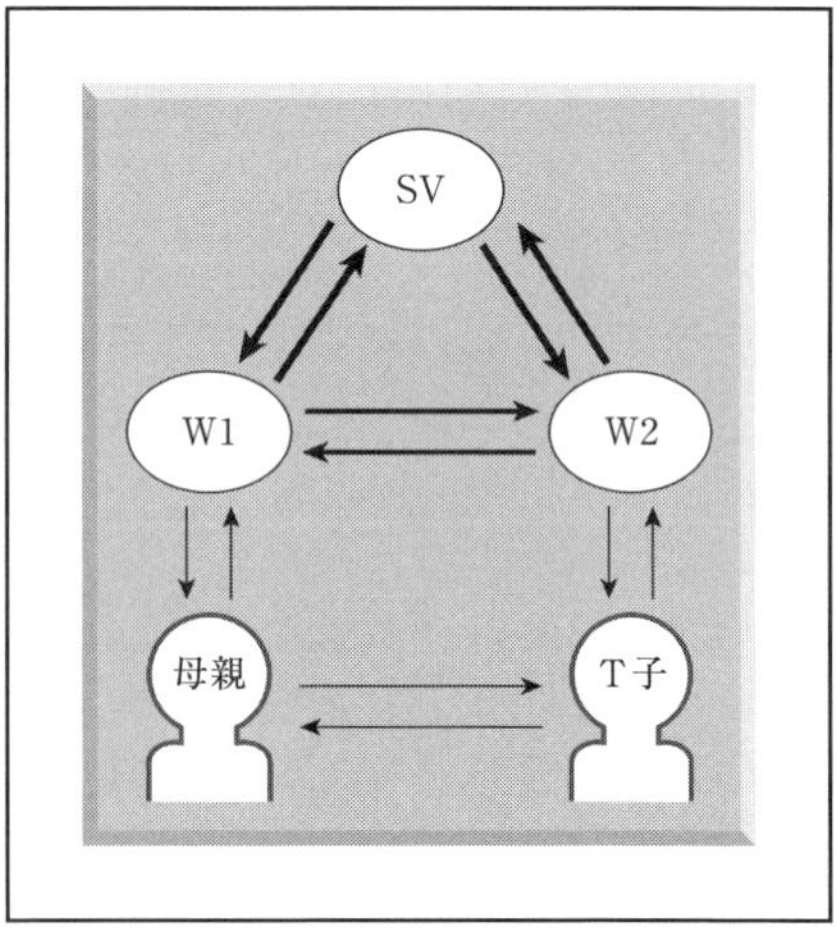

（福山和女作成）

2　第七回面接前のスーパービジョン

T子のケースについての評価会議が行われた後で、私は第七回面接に向けて個別スーパービジョンを受けた。それは、T子のパーソナリティ、T子の問題、問題の根源について診断的理解を深め、変革に向けた介入を意図する内容だった。

■　現実原則に基づいた考察　■

「T子は、『A氏はがめつい』『A氏には別の女性がいた』などと語っていますが、これらについて、T子がA氏について思いめぐらすことができるように援助しなさい。そのために以下の八点を具体的に検討してみなさい」とスーパーバイザーは言った。

①　がめつい性格について。
②　結婚したとすると、どのような生活になるか。
③　子どもができると、どのような生活が想像できるか。
④　別の女性の存在について。
⑤　A氏がスタイルのいい美人と一緒のところを見たら、T子はどんな感じがするか。
⑥　T子はA氏と結婚すると、三十歳過ぎても一緒に遊んでいるだろうか。
⑦　A氏についての気持ちについて。兄と比べてどっちが頼りになるか。
⑧　A氏との性的関係について。セックスに関して、避妊はしていたのかなどの事実関係

避けたい話題、経験したことがない話題の扱いについて

と、それにまつわる感情を把握すること。

私が「性的関係」の話題をどのように面接で取り上げるのか思案していると、スーパーバイザーは次のコメントをした。

「家出や恋愛関係など、若いソーシャルワーカーにとって心理的にインパクトのある話題を取り上げることになりますが、援助者はクライエントと同じ経験をしている必要はありません。人には個別性があり、独自の体験があります。たとえソーシャルワーカーが似たような経験をしていても、それは表面的な共通点であり、内面の経験は全く違うといえるでしょう。

大切なことは独自の経験に基づくクライエントの感情を表面化させることです。セックスのような話題は避けがちですが、駆け落ちに至る過程、いつ、どこで会い、関係はどのように変化していったのか、その時どんな感じがしたのか、T子のセックスについての関心はどのようなものだったのかなど、他の話題と同じように事実の過程と事実にまつわる感情をたどってみるとよいでしょう」。

■ 直面化の技法 ■

続けてスーパーバイザーは、現実的な状況とクライエントの取り組みについて話し合う必要性について語った。

「自己検討を通して、人生の計画を立てることや、新たな問題の取り組みが可能になります。これはT子の自己認識を高め、自我の強化につながっていく過程です」。

そして面接のなかで出てきたT子の言葉を取り上げて、これらの具体的な取り組みについて説明した。

① 仕事を二年間続けてきたことについて
「T子は二年間仕事を続けてきたことをどのように自己評価しているでしょうか。T子の意見が本心かどうかを、その場のT子の態度を見ながら感情の流れを掴むようにします」。

② 男の人には気軽に話せると言っていることについて
「男の人たちとのT子の関係の持ち方を具体的に聞くこと。たとえば、どのような関係の人で、どんな内容を話すのかなどを尋ねます」。

③ 嘘を言うのがうまいということについて
「T子は言うこととやることに違いがあるのか、ほしい物があるときに嘘をつくのか、嘘をつかないでほしいものを手に入れることもあったのか、小さい頃からそうなのかなどを聞いてみます。本当のことを言うのが辛いということもありますが、T子の場合はどうかを考えること」。

④ 母親との関係について
「T子に『あなたとお母さんはたがいに心底腹を立てているのでしょうか』、『あなたはお母さんのどういうことにイライラするのですか』、『お母さんはあなたのどういうことでイライラしているのでしょうか』と問うこと」。

⑤ 二重人格について
「T子に二重人格となる場面を具体的に説明してもらい、その場限りの感情で反応していることを言っているのかどうかを検討すること」。

■　クライエントとの距離の取りかた　■

最後にスーパーバイザーから、「クライエントとの距離のとり方」についてとても大切な教示があった。

「ソーシャルワーカーは『心配なので、耳の診察を受けるように』と言っていましたが、実際には『あなたも心配だろうから、診察を受けたらどうですか』と言うべきでした。このことでクライエントとの程よい距離が作れるのです。クライエントと一体化するのではなく、クライエントの問題にかかわっているという表現を心がけるように。この微妙な距離の取りかたが、クライエントの個体性を重んじるかかわりとして影響します」。

私は、受容と傾聴にこだわり、こうした直面化や距離の取りかたの技法を使うことができなかった。今度の面接ではT子の言葉を聞くだけでなく、このようなやり方で具体的に質問して、話し合おうと思った。

3　第七回面接後のスーパービジョン

T子から、「担当ソーシャルワーカーに話したい」と面接依頼があったので、予約をできるだけ早くとり、緊急性の高い第七回面接を行った。T子との面接はしばらくぶりだったが、私はキャンセルの間ずっとスーパービジョンを受けていたので、T子はいつも身近

ソーシャルワーカーに対する過剰依存について

心的過程を扱うことについて

依存させることと支持の違いを明確に示すこと

な存在だった。

スーパーバイザーに面接の概略を報告した後、以下のような検討があった

「T子のアルバイトについて、家族と相談して決めるようにしたことはよかったです。T子はソーシャルワーカーに対して過剰に依存する傾向が出ているので、ソーシャルワーカーはT子の身内の人と同じような関係にならないように注意が必要です」。

「ソーシャルワーカーは、T子の年齢での結婚の話題を真剣に受け止めず、話をそらしてしまいました。ここではT子の真の気持ちを明確化するべきです。他者に対して持つ両面価値的な感情や、結婚に関するT子の考えを明確化する必要があったのです。ソーシャルワーカーは表面的な意味を把握して理解したように返事をしていますが、T子の問題の取り組みに変化を起こすために、もっと心的過程に働きかけをしなければなりません。T子は不安を訴えていますが、不安には口に出して言えるものだけでなく、言えないが無意識的に感ずるものもあります。ソーシャルワーカーはこの意識されない不安をクライエントが言語化できるように助けなければなりません。クライエントは不安を明確化することによって、不安について自覚するのです」。

このスーパービジョンの後、私は、いくつかの参考文献に当たり、依存と支持の違いについて考えてみた。T子は母親と依存関係にある。母親は自分の力を知っていて、T子を保護し、T子の行動をコントロールしようとしている。T子は母親に依存し、母親の文化

や価値を取り入れようとしているが、その取り入れに失敗した。自分の意志や欲求を抑制して母親に依存するが、自我の欲求と葛藤を起こす形で超自我が機能不全を起こしている。これはT子の意識レベルでは「自分は二重人格である」という思いとなり、行動レベルでは反社会的逸脱行為に至ったのかもしれない。ソーシャルワーカーへの依存はこの葛藤を拡大することにつながる恐れがある。ソーシャルワーカーには、T子が自我レベルでの欲求を意識化して、それを実現できるようにサポートする支持的関係をとることが望まれる。支援関係は母子関係の再現になりやすいが、これは、幼児期から持ち続けている関係が後の関係で再現しやすくなるということである。

スーパーバイザーは、これらのことを踏まえ、私がT子の依存関係のパターンに巻き込まれそうになっていることを指摘してくれたように思う。T子と母親の未分化な関係がT子の依存のベースにあると判断されているので、対象を変えただけの依存（転移）をT子に体験させせない工夫が必要だと、スーパーバイザーは言いたかったのだろうということが理解できた。

明確化の技法について

■ 面接過程で用いられる技法について ■

変革に向けた段階に入ってから、スーパーバイザーは私に明確化の技法を使うようにと指示することが多くなった。面接過程で用いられる技法についてもっと意識できるようにしたいと考え、ソーシャルワーク面接の技法についてホリスの文献(1)で整理してみた。それによると、アメリカ家庭福祉協会は、一九五三年にケースワーク技法を以下のようにA型、

B型に分類している。


A型…サポートタイプのケースワーク。人の問題との取り組みについて適応パターンの維持を目的としている。

　環境調整、再保証、説得、単刀直入なアドバイスやガイダンス、提案、論理的な検討、専門家の権威や身近な権力の使用といった技法を使う。

B型…適応パターンの修正を目的としたもので、主に用いられる技法は明確化である。

　一般的に明確化は、クライエントが自分の問題の理解を深められるように促すために用いられる。

明確化の技法

人の適応パターンは内面化され、パーソナリティに組み込まれたものとして機能する。したがって、その適応パターンの変化は一時的なものではなく、従来とは異なったクライエントのより適切な取り組みとして続いていくものである。そこで、適応パターンを変化させたいならば、B型の明確化技法を用いる必要がある。

たとえば、心理社会的アプローチでは、知識や技術が増えることによって自我が強化され、抑えられていた心理社会的成熟が始まり、適応パターンの変化が起こると考える。非合理的で不適切な反応は、前意識的な影響を受けていて、抑圧されたというよりは抑制されたレベルの出来事に基づいているので、前意識を意識化するような働きかけをしなければ変化は生まれない。不明確で言語化されない部分、抑制された部分、理解されていない部分を明確にすることで、人の意識領域が増える。B型の明確化技法は、人の力動的・歴史的な理解を深め、知識や技術を向上させる。ホリスによると「明確化」の技法は適応パターンの変化のためにソーシャルワーカーが用いる最も効果的な方法である。

支援過程で起こるT子の状況の変化は、この理論的枠組みで説明できることがおぼろげながらわかってきた。私は意識的にこうした技法を使うことなどできないが、T子の面接のスーパービジョンを受けることで、難解な書物のなかのこれらの言葉が、生き生きとしたメッセージとして伝わってきた。

4 クライエントの変化

T子から電話が入り、「面接に行く予定だったが、今日は家の手伝いをしなければならないので行けません。すみません」と言う。次回の面接日を一週間後の午後一時半と決めた。T子は「どうぞよいお年を」と言ったので、わたしは「あなたもどうぞ」と答えた。

第八回面接がキャンセルとなったので、第七回面接の見直しをすることになった。スーパーバイザーから、「『緊急性の高い面接』との報告を受けたわりには、内容はそのように思われません。むしろ内容の少ない面接でした」というコメントがあった。「変革への介入段階なのに、意図的な取り組みが足りないのでは」とも指摘された。今回のスーパービジョンのねらいは、主に介入方法の技術的な見直しをするとのことだった。

■ 感情への積極的介入 ■

「T子には母親に甘えていながら、嫌うというアンビバレントな感情があります。この感情を意識化させるためにT子の感情への積極的介入が必要です。T子には母親に対する甘えがあるので、姉に対する嫉妬についても考える必要があります。これらの感情にソーシャルワーカーはほとんど触れていませんでした。たとえば、姉との喧嘩について、幼稚園、小学校、中学校をたどって語らせることができたはずです。姉ばかりがほめられていたことなど、もっと話させるべきだったでしょう。

もしT子がこれらの話題を避けるようだったら、『それがあなたの問題ですね』と指摘して、彼女の感情そのものには触れないようにすること。たとえば、姉、兄、母の個人的な歴史を話してもらいながらT子の生活史をたどることで、家族の関係を間接的に意識化させる方法をとることもできます。

T子が本当に語りたいことをソーシャルワーカーは表出させていません。この面接の目的は、『クライエントの気持ちを表面化させること』と、『クライエントの自己理解を助けること』です。たとえば、タバコの話題が出たときに、母親との関係に関連付けて取り上げるようにするとよいでしょう。『母親がタバコを吸うなと言うから吸うのです』とT子が言うならば、『吸うなと言われると反抗したくなるのですか』とT子の行動に解釈を加えた聞きかたをすることで、感情面を意識化させることができます。『本当はタバコが嫌いです。お母さんが吸っているのを見るのも嫌』とT子が言うならば、『どういうことでしょう。あなたの言っていることはよくわかりません。もう少しよく説明してほしいのですが』と問うことで、感情を引き出せるような意図的な介入を試みなさい」。

「姉に対する嫉妬心、つまり同胞葛藤は、ソーシャルワーカーに対する競争意識となる可能性があることも念頭に置いて行うこと。『大人を信用していない』と言ったなら、ソーシャルワーカーとの関係に関連付けて取り上げるようにすること。

このような表現については、同一化の二つの側面、マイナスの同一化とプラスの同一化を理解する必要があります。すなわち、

マイナスの同一化とは、母親とは正反対のおとなになりたいと願うことです。

プラスの同一化とは、母親と全く同一のおとなになりたいと願うことです」。

私はいつのまにかメモの手を止め、スーパーバイザーの言うことを反芻しながら聞き入っていた。このような介入ができれば、ソーシャルワーカーにとって、T子の感情面での理解がどれだけ深まることか。私がT子を理解することは、T子が自分自身を理解することになるのだから。つまり、面接とは、クライエントのことをソーシャルワーカーとクライエント双方で観るということなのだろう。

クライエントが自分自身を観られるようになるには、ソーシャルワーカーがクライエントを十分理解しなければならないと、つくづく思った。この回のスーパービジョンは終わった。

■ 面接の度重なるキャンセル ■

T子から第九回面接のキャンセルの電話が入ったという伝言を受け取った。スーパーバイザーからT子に電話をして伝言を確認するようにとの指示があった。電話をすると、T

子は留守で母親が出た。T子は昨日から親戚の家に泊まっている。親戚の娘さんが結婚するので、そのお祝いを持って行った。帰ってきたら予約のことを確かめておくとのこと。しかたなく母親に、「T子さんが十六日と言っていたのでそれを確かめるために電話をしました。お帰りになったらこの日に待っているとお伝え下さい」といって電話を切った。

しかし、十六日に再びT子から連絡が入り、「今日は行けないので五日後の一時半に面接を変更してほしい」と、面接（第十回）キャンセルの連絡が入る。

5 合同スーパービジョンの開催

T子のキャンセルが続いたので、母親の状況を把握するために、合同スーパービジョンに参加した。母親の担当者から以下のような面接概要が報告された。母親面接は三回目になる。母親は立て板に水のごとく話したようだ。

■ 第三回母親面接の概要 ■

「T子は働きたがっていますが、今は寒いのでかわいそうです。でもこづかいを渡す余裕がないので、働きに出るのはしかたがありません。お手伝いの職は多くありますがどこでもよいというわけではありません。T子が何を考えているかくらいわかっています。話し合わなくてもあの子の気持ちはわかっているのです。ハローワークでは雇い主の家族の様子がわからないので、お手伝いの仕事は知人の紹介が安心できます。T子は怠け者でも、ずる賢くも、使いにくくもありません。できたらここの相談所の所長に仕事を紹介してもらいたいのです。T子に指示や方針を与えてほしいのです。私はすがるような気持ちでここに来ています。一生懸命よかれと思ってあの子を育てて来たのに、道をそれてしまいました。T子は一緒に逃亡したA氏が大会社に勤めていると嘘を言ってつきあっていました。本当のことを言ってくれれば、無理にでも引き離したのに、T子も知らなかったのかもしれません。好んであんな男とつきあうはずがありません。T子は自分が悪いことをしたとは思っていないようです。私が家に無理やり連れ帰ったと怒っています。自分の間違いに自然と気がついてくれるといいのですが。

食べる力のある相手なら文句はありません。罪を犯していたとしても償いをして出てきたのならそれでも構いません。A氏は空き巣や、窃盗もしています。家庭も複雑であり、楽をして生活をしたいとも言っていました。A氏と一緒になるとT子は一生肩身の狭い思いをするでしょう。T子には技能がないから困るのです。A氏もT子を本当は愛していないようでした。あんな男に騙されて悲しいです。悔しいです。でも私もうかつでした。皆に祝福されて結婚してほしかったのに。新しい物はあの子の結婚のために今もとってあります。世間には知れていないのが不幸中の幸いです。貧乏で苦労してきたけれど、お父さんがいなくたって他の子は真面目に育っています。立派な人になれとは望んでいないが、普通に育ってほしかったのです。人から後ろ指を差されることが嫌だったのです。そんな思いをするくらいなら、先に死にたかったのに。でも母親がいただけでも子どもたちはよかったはずです。姉は食事のしたくや洗濯など本当によくやってくれました。自分から進んで手伝いをしてくれました。私はエコヒイキしたことがなく、同じように育てたつもりなのに、T子はなにもしません。どうしてこんなに違う性格なのでしょうか。できたらT子の指導は所長さんにしてほしいと思っています。そして私のしつけかたが悪かったのかどうか教えてほしいのです。T子をどう導いていったらよいのか教えてほしいのです」。

■ 母娘関係とワーカー－クライエント関係についてのアセスメント ■

スーパーバイザーは母親面接の概要を聞いたあと、「母親面接によってT子の状況がよく理解できます」と言って、T子－母親関係とワーカー－クライエント関係について以下のようなアセスメントを示し、母親担当者とT子担当者に今後の面接に向けていくつかの指示を出した。

〈アセスメント〉

「T子の面接のキャンセルには母親の隠然たる介入があるようです。母親にはT子に対する無力感が漂っています。この無力感は怒りとなって、自分の思うような形では進んでいないT子の面接に投影され、T子の担当を代えるようにという要求や、権威にすがって自らの力を取り戻そうとする反応に現れています。面接には行かなくていいという暗示や承認といった形をとって、T子とソーシャルワーカーの関係への介入を図っているのです。別な側面からみると、これはT子とソーシャルワーカーとの関係が構築されてきていることに母親が脅威を感じて反応しているということです。母親は外罰的な思考パターンに陥り、T子の問題行動の根本にあるものや、T子のニーズを理解しようとしていません。T子の問題について、父親不在、貧乏、A氏に騙されているといった項目を並べて否認の繰り返しをしているのです」。

〈指示内容〉

① 「母親に対しては、ここで行ってきた面接の目的が何であったかを再確認することが必要です。T子を取り巻く問題の取り組みを援助しているのであって、T子を母親の望む人間にすることが目標ではありません。この相談機関でサービスを受けるために紹介された理由は何だったのか、何のためにここに来ているのか、職を世話してもらいたかっただけなのか。こうした確認をするために再度、『T子さんを心配していることはわかりますが、ここで何ができると期待してきたのですか』と尋ねることが必要です」。

二重拘束（ダブルバインド）

②「T子に対しては、母親との関係を明確化するような介入が必要でしょう。『お母さんと顔を合わせているときにはどんな気持ちでいるのですか』、『お母さんに何かを頼みたいときは、どのようにするのですか』、『お母さんと一緒に行動する時はどのような気持ちになりますか』等々尋ねてみるとよいでしょう」。

「母親はダブルバインドの気持ちをもっています。たとえば、T子を早く働かせたいと言う一方で、寒いから働かせるのはかわいそうだとも言っています。これではT子自身の行動が混乱してしまいます。これは第一の禁止命令と相反する第二の禁止命令で、相手を身動きできない状態にしてしまう二重拘束のコミュニケーションです。T子は、母親の発する二種類のメッセージの狭間で、行動することができなくなってしまっています。ソーシャルワーカーはT子が受けている二重拘束の状況を指摘することによって、それがT子にどのような影響を与えているかを母親が理解できるように導くことが必要です。T子の葛藤は、このような母親の養育姿勢の影響を受けた結果でしょう」。

■ 面接に対する抵抗への対応 ■

最後にスーパーバイザーは、T子の面接に対する母親の否定的な感情について、どのように理解すべきか、どのように対応すべきかを、母親の担当者に向かって語った。

「T子の面接が中断しがちになっているのは、T子が成長してきていることと、母親の気持ちの変化との両面から理解しておく必要があります。T子の援助の展開を考えたとき、T子の面接に対する母親の抵抗を理解することが必要です。肝心なのは、クライエントが自分自身でどうすべきかを考え、方向づけができるような個別援助をしていくことなのです。

次に、T子の言葉を借りて、母親が訴えていることに対して、母親のその気持ちに応じていくこと。たとえば、『担当者は小さい頃のことばかり聞いて、何も教えてくれないとT子が言っています』という母親の訴えは、『ソーシャルワーカーが頼りない』という意味に聞こえますが、自分が母親として否定されているという感情が働いていると理解できます。概して、養育環境の聴取は、親にとってしつけの誤りを点検されている不安を刺激し、抵抗を起こすことになるのです。そのような場合、『あなたも、ここに来てなにも役にたたないという気持ちになりますか』、『なにか手助けになったことはありますか』と尋ねてみること。肯定と否定のどちらの答えであっても、母親の気持ちに近づいて話し合い、母親の立場がどんなに難しいかを理解する努力をすること。忠告するのではなく、母親の気持ちに沿って聞いていくこと。

このように、クライエントから他者についての否定的な感情が表出された面接では、ソーシャルワーカーがどれほどそのクライエント自身を理解しようとしているかを示すことが重要です。ただし、ソーシャルワーカーはそのクライエントの基本にあるもの、すなわち、知識、感情についてアセスメントができていなければなりません」。

合同スーパービジョンの意義

この合同スーパービジョンによってT子の理解が深まっただけでなく、T子と私の間に起こっていることが客観的に把握できた。合同スーパービジョンは、T子と私の取り組みが、相談機関として組織的に取り組まれているということを実感させるものだった。

母親面接の直後、T子から「たびたびの変更で申し訳ありませんが、今日は留守番をしなければならないのでどうしても行けません。来週の月曜日には絶対行きます」という電話が入り、面接（第十一回）はキャンセルとなった。T子の行動パターンが明らかに変化していた。T子の場合、変化は面接室のなかではなく、生活のなかで起こっているようだった。私はT子との関係のなかで、すなわち面接でこの変化を確認したかった。

参考文献

（1）F・ホリス／黒川昭登・本出祐之・森野郁子（訳）『ケースワーク――社会心理療法』岩崎学術出版社、一九六六年、五九～六八頁。

第5章　安定期

ラポールの形成について

1　第十二回面接のスーパービジョン

■　第十二回面接前のスーパービジョン　■

スーパーバイザーは、「この第十一回目の面接のキャンセルはおそらくT子の変化の表れとみることができますが、四回続いたキャンセルをあなたはどう思いますか」と、尋ねた。

私は、この間に自分なりに整理したことをスーパーバイザーに伝えた。面接はキャンセルだったが、そのつど電話で話していることもあって、このまま面接が中断するとか、T子の状態が心配という不安はない。しかし、先回の合同スーパービジョンではソーシャルワーカーとT子の関係の変化というよりも、T子と母親の関係に変化があったとのアセスメントがなされた。これを機に、ソーシャルワーカーの支援に対する母親の露骨な不満、T子が面接を嫌がっているというメッセージも、比較的冷静に受け止めることができるようになった。

T子の感情面にもっと接近するようにとのスーパーバイザーからの指摘について、私の考えを以下のように述べた。

私とのかかわりに、T子が充足感を持てていなかったことを理解した。面接のキャンセルは、そのようなT子の充たされない感情を反映したものかもしれない。T子は自分の感情を意識したり伝えたりができないからこそ、突然行動化するというパターンをもっている。T子が十分に感情を出せるように働きかけていきたい。

私の話をうなずきながら聞いていたスーパーバイザーは、「クライエントとソーシャルワーカーのラポール（信頼関係）はできているようで、目標に向かって一緒に歩んでいますね。明日の面接を大切にしなさい。大きな転換点を通過しているので、次回の面接記録はできるだけ具体的にとって、詳細に報告してください」と言った。

スーパーバイザーのこの言葉を聞いて、次回の面接がとても楽しみだった。

■ 第十二回面接後のスーパービジョン ■

スーパーバイザーは、第十二回面接の記録を読み上げるようにいった。スーパーバイザーの指示通り記録は詳細にとったので、かなり長いものになった。

■ 第十三回面接記録 ■

しばらくぶりで会ったT子は、服装も表情も少し大人びて見えた。T子はたびたび面接をキャンセルして申し訳なかったと詫びながら挨拶した。ソーシャルワーカーはT子が来てくれたのでうれしい、それにきちんとキャンセルの連絡をしてくれたこともうれしかったと伝える。そして、一か月ぶりだが、どうしていたのかと問うと、いとこの結婚式があったので手伝いに行っていただけと速やかに応じた。

そしてT子は積極的に次のように話し出す。「私はもう雇用保険をもらわないで、働きたいです。前は雇用保険をほしいと思っていたが今は一日も早く働きたいのです。だから来月になったら初めて雇用保険をもらいに行くのだけれども、一回だけもらって家事手伝いの仕事を探そうと思っています。やっぱり早く始めた方がそれだけ得になるし、お金も貯めたいのです」と、これまでとは別人のような軽やかな声である。

私が、考えが変化したきっかけに何があったのかと問うと、「さっきも言ったように、いとこの結婚式があって行って来ました。お嫁入りの荷を見せてもらい、それで、お金を貯めておかなければと思うようになりました。やっぱり自分で働いたのと、雇用保険では違うと思います」と率直に言うので、私は「どのように違うのでしょうか」と確認した。T子は「自分で働いてもらったお金だと思うとそれだけ節約するから預金もできるでしょ。今から結婚のことを考えるのは早いかもしれないけれど、少しでもお金を貯めておいたら気分だけでも落ち着くと思います。今はもうお金は一銭も残っていないし、雇用保険をもらっても預金は難しいし、働いても一年くらいでは大した預金はできないと思うけど」と、ソーシャルワーカーの表情を見ながら、はきはきと話した。

このように話した後、仕事のことに話題が移り、「最近、新聞の折り込みチラシで求人を見ているの。これまでは刺繍のような手芸の求人はほとんどなかったのに、今年になってから少し増えているのです。私は雇用保険の申請をするとき、あまり求人のない仕事だと思って手芸の仕事を希望したのですが、このように増えてくるとハローワークの人も紹介してくるでしょう。私は家事手伝いのほうをずっとしたいと思っていますが、ハローワークの人は手芸の仕事だったら希望に添うのではないかと言っていました。私はもう雇用保険をもらわないで働くつもりです。前は雇用保険をほしいと思っていましたが、今は一日も早く働きたいの。だから二月に一回だけ雇用保険をもらって、すぐ家事手伝いの仕事に就きたいと思います。やっぱり早く仕事をしたらそれだけ得になるし、お金も貯めたいから」と一気に話し、さらに、「家事手伝いをするなら、まずどのようにしたらよいのでしょうか」と自分でどんどん話を進めていく。

T子の次の話題は仕事先の家庭のことに移り、「子どもがいる家だとしたらすごく小さい子がいいな。かえって幼稚園くらいだったらやりにくいかもしれません。私と同い年の人がいるところは嫌だけれど、ずっと年上の人だったらいいけど」と言って一息ついた。私はT子の勢いにあおられそうだと感じながら、「同い年の子どもだとどうして嫌なのですか」と問うてみた。T子は、「遊びに行くのだったら同い年のほうがいいかもしれないけど……」と少し沈黙してから、「お母さんは赤ちゃんのいるところだったら、おしめを洗わなければならなくて辛いから行かないほうがいいと言うけれど、私は赤ちゃんが好きだからできると思っています。まあその家に入ってみないとわからないけど……」と話した。

私が、「そうね、家庭によっていろいろ違うだろうし、実際に入ってみないとわからないね。同い年の子どもがいるのは嫌だと言っていたけど、それは自分と年齢の近い人でも嫌だということなのですか」と尋ねると、T子は、「それもやっぱり嫌です。でも嫌なことに打ち勝つことも大事かもしれませんね。いろいろ教わることもあるかもしれないし、話が合ってやりやすいかもしれないし。友達づきあいもできるかもしれません」と明るい調子で話しつづけた。

そこで私は、「そうだね。それも考えられます。そうするとT子ちゃんがさっき言ったことだけれど、同い年の人がいるところは嫌だ、でも別に嫌なこともないかもしれないと思う。結局T子ちゃんは同年代の人は嫌なのか、いる方がいいのかどっちなのかな。ちょっと私にはわかりにくいけど」と訊いてみた。T子はまじめな顔になって、「嫌だとは思うけど、やっぱりその人次第なのかもしれません」と言った。それに対して、私が「そうね、人は各々違うからその人によるかもしれないけど、嫌だと思うのはどういう点なの」と尋ねると、T子はちょっと考えてから「わかりません」と言った。私は、「たとえば今度ハローワークに行ったとき、事務員の仕事があって、そこの職場に同年代の人がいたらどうするの」と尋ねてみた。T子は怒ったように「別に構いません」と言い切った。少し間があって、「同年代の人に気を遣うのがしゃくにさわるだけ。

私は嫉妬心が強いのかもしれません。こんなことを言ったら勤められなくなるだろうけど……」と言う。

私は、彼女のトーンに合わせて、ややゆっくりと「嫉妬心についてもう少し詳しく話して」と言った。T子は、「友達によるかもしれません。嫉妬心が沸く人とそうでない人があるし、同じ人でもときによって嫉妬心を持たないときもあると思います」と言うので、私はさらに、「たとえば」と聞いた。T子は、「たとえば……ね、友達が結婚するって聞くと、嫉妬心が出てくるの。だけど女の人は誰でも嫉妬心があるらしいね」と言うので、「誰でも嫉妬心があるかもしれないけど、それも人によって違うだろうし、T子ちゃんは友達が結婚するというとき、どういう風に思うの」と尋ね、私はT子の結婚観に焦点を当てた。

T子は、「今まで仲良くしていた友達でも、彼氏ができると、彼氏に取られたような気がするんです。私の場合は、友達に嫉妬心をもつというより、その相手に嫉妬するのだと思います。この三月に友達が結婚するけれど、来月になったら荷物を出すと言っていました。もし友達の結婚じたくを見たら、私はその人以上のしたくをしようと思ってしまうの」と真剣に語ったので、「お姉さんのときはどう思ったの」と私は尋ねた。

「姉のときも同じように思いました。私の場合、嫉妬心が強いというのではなく、負けず嫌いなのです。いや負けず嫌いというより、人がしゃくにさわるのだと思います」とT子が言うので、「すごく複雑な言い方でよくわからないなあ。たとえばお姉さんに対しては、そのうちのどの気持ちを持っているの」と訊いた。T子は率直な調子で、「嫉妬心、負けず嫌い、しゃくにさわる、これら三つが混ざったもの。でもお姉さんには今は何とも思っていません。他人ときょうだいは違うから」と話した。私がその違いについて尋ねると、「きょうだいは一時的にそう思っても、すぐ消えてしまいます。それに姉は私を応援してくれるので、私も思ったことを伝えることにしているから」と答えた。

話題をT子の嫉妬心からT子と姉との関係に転じ、「あなたは、お姉さんもあなたと同じようにそういう気持ちをもっていると感じたことがあるの」と尋ねた。ずっと難しい表情で考え込むようにしていたT子は、「お姉さんは私以上に負けず嫌いですよ。私は姉になにも思ったことはありません」といったので、「T子さん以上とは、どういうふうにでしょう」と私は問い返した。T子は「私は意地汚いのです」と言った。私は思わず「意地汚いってどういうふうに」と尋ねた。T子は思い出し笑いのように表情を緩め、手で口を覆った。

私はT子と友達のような話し口調で、「今笑ったね、何を考えているの」と言った。T子が「何も考えていないヨ。今、私は自分がどうなのかわからなくなったの。考えてもわからないから笑ったのです」と話したので、とても親密な感情をT子に感じた。しばらく間があって、私は、「何でもいいから思ったことを話してください。T子さんが話したことを一生懸命わかろうとしているのだけれど、T子さんがこうだと言って、いや、そうではないと言うと混乱してわからなくなるの。それで、もう少し詳しく話してもらおうと思うのだけれど」と、少し懇願するようにいった。T子はうなずきながら私の顔を見つめていた。私は、「話すことに何か抵抗があるの」と彼女に尋ねると、T子は、「あります。……私の小さいときのことを聞きたがるでしょ。忘れたことやわからないことは答えられないのに。そういう時とっても抵抗を感じるんです。忘れたことは何度聞かれてもわからないはずよ」と少し挑むような調子だった。

そこで私は確認のために、「今日も困ったことがありましたか」と問うた。T子は、「今日は違います。前に小さいときのことを聞いたでしょ。そのときは、思ったことをそのまま話したけれど、それが小さい頃に本当にあったのかどうかわからないんです。それなのに小さい頃のことを聞いて何になるのでしょう」と言う。「でもT子さんはいろいろなことを話してくれましたよね。私はあなたと一緒に住んで来たのではないから、話を聞いてもはっきりわからないこともあるけれど、話してくれた限りにおいて、T子さんのことを少しでも理解できるようになったと思っています。だから何でもよいからT子さんの思うこと、考えていることを話してほしいの」と話した。それでもT子は、「小さい頃のことは全然覚えていません。それより現在のことを聞いてほしいのに」と言い張った。

私は再び、「あなたは小さい頃のことを話してくれたのだけれど、話した後はどう思ったの」

と問うてみた。T子は、「私はあまり知らなかったので、母に聞いたのです。それであれだけ話せました。私はいたって忘れやすいので、母に言われると、そうだったなあと思うぐらいで、ほかになにも思いませんでした。私は相手のことを思ってしゃべるので、思うようにしゃべれないのです。ざっくばらんに話ができる人がうらやましいです」と困ったような表情をしながら話した。「私にはどうですか」といって応答を待っていると、T子は、「あなたには話せます。私が忘れたこと以外はね」と言って爽やかに笑った。

「相手のことを思ってものを言うというのは、具体的にどういうことでしょう」と尋ねた。私の問いを聞きながら身体を少し緊張させていたT子は、態度をガラッと変えて、積極的に次のような例を話しだした。「じゃあね、エーと、私のお母さんの弟が結婚するでしょう。結婚するとき仲人さんがいて、結納金を納めるのが常なのに、その叔父さんはそれをしないの。それを私のお母さんが、叔父さんに一生懸命説明するのだけれど、叔父さんは決してお母さんの言うことを聞こうとしないし、外を見ていて知らん顔をしているんです。私はお母さんに、『聞く耳を持たない人にそんなに一生懸命言ったところでバカをみるのはお母さんでしょ。もう言わないほうがいいよ』と言うのに、お母さんはやめようとしないでまだ叔父さんを捕まえて言っているんです。私だったら話を聞かない人はしゃくにさわります。私はお母さんにもしゃくにさわるし、話を聞こうとしない叔父さんにもしゃくにさわるの。友達でも私が話しているのに聞いてくれないとしゃくにさわって、知らん顔をしてしまうのです」と一気に話をして笑い出した。私もつられて笑いながら、「アレー、どうして笑うの」と言った。

T子は、「あなたがあまり私を見つめるので、何か恥ずかしいの」と言いながら再び照れ笑いをしたので、「T子さんが、話してくれるから聞いているのよ。別にじっと見つめているわけではないの。それに私は目が悪いから、見つめているように見えてしまうのかなあ。でも、もしT子さんが話している最中に私がT子さんの後ろにある絵ばかりを見ていたらどう思いますか」とT子を励ますように付け加えた。T子はおどけたように、「それはまた、極端でしょう。私は人の顔を見て話すことは全然気にしないけど、見られるのがなんとなく恥ずかしいので目をそらせてしまうだけなの」といった。

そこで私は、「ではあまり見ないようにしましょう。T子さんがさっき、現在のことを聞いてほしいと言ったけれど、たとえばどういうことかなあ」と話題を転じた。T子は、「あのね、私がお手伝いさんとして働き出した後もずっと会ってくれますか」と甘えたように言うので、私は少し照れ笑いになって「ええ、あなたが望むのなら」というと、私の笑い声にT子はうれしそうな表情をした。

「家事手伝いをするのに何か心配事でもあるの」と問うと、T子は、「いや、ただ家族が意地悪な人ばかりだと困るなー。そんな人ばかりだったら誰でも困ると思うけれど、お年寄りのいる家は心配、こわいなあー。ピンピンしておられる方ならよいけれど。私の目の前で死んだりしたら、気持ち悪いでしょう」と言いながら、少しまじめな顔つきになって、「私の知人のご主人は定年退職したのですが、奥さんは外の仕事をしているんです。だからお昼はご主人が家にいて、お手伝いさんと二人きりになるの。そしたらそのご主人がお手伝いさんに悪さしたのです。ちょうどその頃お手伝いさんは結婚する時期だったのに、失望してしまい、その家に今でもずっと働いていると聞きました。それを聞いて怖くなったの。男の人っていやらしいなあ」と話した。私は感心したように、「そういう話を聞いたのね」と言うと、T子は、「私だったら逃げて帰ると思うけど」と言い、私に感想を求めるようだった。私は、「そういう話はショックだけど、人はそれぞれ違うし、みんながそうだということではないと思いますよ。人から聞いただけでは真実もわからないし、それについては自分なりにいろいろ考えてみる必要があるでしょう」と言った。

T子は居ずまいを正して私の顔を見据え、「しっかりした人というのは、自分の思っていることをテキパキと言うことができる人のことですか」と聞いた。「T子ちゃんはどう思うの」と問い返すと、T子は、「私……しっかりしていると言われたこともないし、どういうのがしっかりしているのかよくわかりません」と言う。私は、「何でもテキパキ言えるというだけでは、しっかりした人とは言わないと思います。さっきT子ちゃんが言ったように、話している相手のことを考えて話すということも、しっかりした人の一つの要素になるかもしれません。しっかりしていると言っても、いろいろあると思います。たとえば、自分が今話していることをよく考え、相手の人のことも考えて話ができる人もそのなかに入るかもしれません」と付け加えた。

T子がしんみりした声で、「私は今まで何でも思うことを話してきたけれど、それでいつもけんかになりました」と言うので、「T子ちゃんが何か言ったとき、お母さんなり家の人がそれに対して、全く逆のことを言ったとしますね。そういうとき、T子ちゃんはどうするの」と尋ねると、T子は怒った表情をして黙ってしまった。私はT子の気持ちに触れたように感じて、「そのときおなかのなかで、私はこう思っているのにとブツブツ言うかわりに、口に出して『私はこういうつもりで言ったのです』と言ったなら、相手はどういうふうに言うかしらね」と続けて聞くと、T子は納得したような表情で、「自分がわからないことは、尋ねたらいいのですね」と言って、明るく笑った。

私もつられて一緒に笑った。一週間後の次回面接の約束をして終わった。

■クライエント理解の二側面■

スーパーバイザーは私の長いケース記録を聞き終えて、「クライエントが自分を知るという目標に沿った面接ができています。何度も言うように、ソーシャルワーカーがクライエントを知る過程はクライエントが自分自身を理解する過程でもあるのです。ソーシャルワーカーはクライエントが提示する状況全体に光を当て、いろいろな角度からこれを一緒に検討し、クライエントが自分と自分の置かれた状況について理解する力を高めるように働きかけることが必要なのですが、あなたは本当によく取り組みました」と言った。そしてこのケースが最終段階にきているので終結の見通しを立てた面接を準備する必要があると指示した。

定石理解と個別理解

スーパーバイザーはクライエント理解の二側面として定石と個別性についての話をした。「定石的理解とは、誰もがたどるライフサイクルの過程で起こるような一般的な概念を用います。個別理解はクライエントが体験している固有のものの探究によって得られます」と言ってスーパーバイザーは私に、エリクソンの「八つの発達段階」について勉強しているかと尋ねた。私は知っていると答えたかったが、正確に言う自信がなかったので黙っていた。スーパーバイザーは私が答えないのをみて、「対人援助を仕事とするものには必要な知識ですから勉強するように」と言って以下のような説明を加えた。

思春期の特徴

「エリクソンは、思春期の中心課題はアイデンティティの確立だとしています。インテークのアセスメントでも示したように、T子のケースは思春期特有の問題が提示されています。このライフサイクルの過程で起こってくる一般的な概念とT子やT子の家族が体験している固有のものを視野に入れて接近し、T子に効果的な援助をしてほしいのです」。

スーパーバイザーから、T子の固有の側面である家族力動を理解するためには以下の五点について検討しておくようにといわれ、私は次回の面接計画をした。

① T子の家族評価について

家族の雰囲気、家族の発達段階、家族関係、家族の健康状態、家族の通常のコミュニケーション形態などについて考えること。T子とのこれまでの面接で話された事柄をこの点から理解し、それを確認する面接を次回に展開すること。

②　T子の自己嫌悪について

母親はT子のことを好きだと思っているか、嫌いだと思っているか。

T子は、母親から嫌われている、悪い子だと思われていると考えている。母親から家のことを考えない子だと思われているなど、母親から下されている評価がT子の自己嫌悪につながっているようだ。これらのことを確認すること。

③　T子の自己評価について

T子は、いつも遊んでいる友人、近所の人も私を悪い子だと思っていると話している。自己嫌悪と自己評価の低さから、自分の持っている力を使うことができないでいるのではないかについて留意すること。

④　T子の母親に対する感情について

母親から逃れたがっているように見える一方で、母親の承認を得たがっている。母親の承認を得ることは、姉への対抗心から母親を驚かせて関心を引こうとしているとも言える。まるで十歳の子どもが母親を喜ばせようとしているように見えるので、T子の母親に対する感情に慎重に対応すること。

⑤　T子の姉に対する感情について

T子は姉と同じことをしたいと強く願っている。敵対心（対抗心）と同一化の二つの気持ちをもっていたが、これが融合へと向かっている。姉に対しては嫉妬心もあったが、今はよい関係を維持し、母親的存在であると同時に同一化の対象でもある。姉に対する感情過程を明確化することで、対抗心、嫉妬から同一化のモデルへと、姉に対する気持ちに変化が生じていることをT子がわかるように援助すること。

■ 協働作業としての面接 ■

スーパーバイザーは、「今回の面接は、T子についてこれだけのことを知ることができ、理解もできています。このような面接をしたときは『非常に大切なことを話してくれましたね』というメッセージをT子にきちんと伝える必要があります」と言った。そういえば、T子がずいぶんと素直に自分の気持ちを伝えてくれていることに、うれしい気持ちを感じていたにもかかわらず、実際にはっきりとこの自分の気持ちをT子に伝えきれていなかったことに気付いた。スーパーバイザーのこの一言を聞いて、「面接は協働作業であり、パートナーへの礼節を忘れてはならない」と心のなかで呟いた。

2 第十三回面接後のスーパービジョン

スーパーバイザーはいつものように、私に声を出して面接記録を読むようにと指示した。先回とは違って、スーパーバイザーは私が読むのを何度か中断し、今後の面接の展開の手がかりとなるような示唆をしたり、感想をはさむなどしてゆっくりとスーパービジョンを進めた。

■ 第十三回面接記録 ■

T子は約束より十分早く、私と同時に到着した。面接室に入るなり、T子は意気込んで話し始めた。「あのね、この頃手芸の仕事の求人が新聞にたくさんのっています。早く仕事をしたいです。明日、失業保険を貰いに行き、すぐに、手芸の仕事のことを聞いてみようと思っています」と。私が「そのとき、すぐに紹介されたらT子ちゃんは、どうしますか。どのようにして決めるつもりなの」と聞くと、「お母さんと一緒に行くから相談します」と返事をしたので、お母さんが一緒について行くことについてどう思っているのかを確認した。「別に。何とも思いません」と、そっけない答が返ってきた。

私は軽い口調で、「自分が行きたくないと思っている仕事を勧められ、お母さんがよいと決めてしまったら、T子ちゃんはそれに決めるつもり?」と尋ねた。するとT子は少しむっとして、「それはお母さんのことになるけど、私が一度嫌と言ったら絶対にしないことをお母さんは知っていると思います。私が働くのだし、そりゃ向こうの意見は聞くけど、私の意見と違うことを言ったら反対します」と笑いながら話した。が、急に心配そうな声で、「あのね、知り合いの紹介で行くのは嫌なんです。ちゃんと仕事ができれば紹介してもらった人たちに対して顔を合わせられるけど、もしガラッと状況が変わって、仕事ができなくなったら困るし……」と言った。私は、「ガラッと変わるってどういうこと」と聞くと、「一生懸命やっても向こうに通じなかったら……私は一生懸命やるつもりだけど、家事手伝いの仕事はきついし、もし私が一生懸命やっても勤まらなかったら悪いし、そりゃ悪いところはどしどし言ってもらうつもりでいるけれど……。ってではなく、できたらきちんとしたハローワークのようなところで仕事を紹介してもらいたいのです」と話した。

私はT子の顔を確認しながら、「お手伝いさんに行きたいが、自分で一生懸命やってもそれができるかどうか不安に思っているのね。その気持ちをもっと話してほしいのです」と伝えた。T子は笑って、「私自身が今、心の中ではっきりわからないから説明できません」といった。しばらく沈黙があって、「実際に家事手伝いは大変だと思います。よくテレビでみるが、とても気楽そうだけれど、あんなことはないでしょう。テレビの家事手伝いはとても朗らかで辛くないようにみえるが、実際にどんなに辛いものか、私は経験したことがないので想像できません。だけど

「聞き流し」に注意！

私は私なりにやっていきたいのです。当たって砕けろという気持ちです。できるかできないか、やってみないとわからないでしょう」と意気込んで話した。

私はT子の言葉を肯定しつつ、不安があればそれを考えてみることが必要だと言った。T子は、「他人の家族と交わるということは難しいと思います。でもうまくその人たちのなかに入って行きたいです。ぜんぜん知らない人でも話していけるし、話すことがなかったらしゃべりません。家族が私の悪口を言うようだったら嫌だなあ。私は特に気にするほうではないので、悪いところがあったら面と向かって言ってくれるほうがいいのです」と胸中を語り続けた。

スーパーバイザーは、この部分でストップをかけ、「このT子の言葉はとても重要であるのに、聞き流してしまっています。ここは傾聴する部分ではありません。T子は不安を語っているのだから、話した内容に沿って、T子の不安を明確化できるように少し尋ねたほうがよいでしょう」と指摘した。

T子の話は続く。「それから奥さんがよい人だったらいいなあと思います。何でも教えてくれて……でも何から何までピッチリ言われるのもちょっと嫌だけど、私も職場に合うようにやっていこうと思うし、すぐには合わなくても徐々に直して行くようにしたいです」と。

スーパーバイザーは、この点に関して、T子が難しい状況にどのように適応していこうとしているのかを具体的に尋ねたほうがよいだろうと、付け加えた。

T子は、続けて話した。「家事手伝いは、会社に行くより苦しい仕事だと思います。会社でもいろいろ気を遣ったけど、時間は決められています。家事手伝いはもっと気を遣わなければならないし、時間もそんなにきっちり決められていません。だけど、家事手伝いは家庭の中のことをやらされるので、いろいろ覚えることができるので、今は家事手伝いをやりたい一心でいます。今日聞いたのだけれど、家電関連の会社で女子職員を探しているそうです。待遇もいいし、寮も備わっているって。でも私はそんなのより家事手伝いの方がいいのです。今私はやる気でいっぱいです。うまくやれるか、やれないかは別として、本当に家事手伝いをしたいのです。会社に行っていたときには、もらっていた給料を服とか食べ物とかに全部使っていました。家事手伝いだったらそれほどお金を使わなくてすむから、貯金もできると思います。家事手伝いの仕事は苦しいということはわかっているけど、それがどのくらい苦しいかということは全然わかりません。だからそれを考えようとは思いません。そりゃー、考えておいて実際が考えたよりよいものだったらうれしいけれど、反対にガクンときたときのことを考えると……」と語り続ける。T子の頭の中で、さまざまな思いがめぐっているようだ。

私は、「T子さんはこれから新しい環境に入って行くので、いろいろできたらいいなあと思う反面、できなかったらどうしようかと心の中に迷いがあるのね」と言った。T子は、「一つは家事手伝いに行く家の人とも仲良くやって、その家の人皆にかわいがってもらうようにしたいです。そのためには自分の意見も言うし、向こうの人の意見も聞くようにしたいと思っています」と語った。

クライエントの前意識と言語的表出

ここまで聞いて、スーパーバイザーはT子の状況について次のように説明を加えた。

「愛情欲求が意識レベルの話題として出てきています。T子がA氏との出来事を発生的、力動的に理解できる準備ができているので、この時点での介入は効果的です。たとえば、『誰だって愛されたいという気持ちをもつものでしょう。A氏と一緒に家出をしたことは、T子さんにも愛されることへの憧れがあったからではないですか』というような言葉を口に出して言われることで、T子は自分のことがわかるようになるのです。『自分の気持ちがわかるということとはあなた自身を助けることになります』というように、前意識下にある欲求を言語的に表出させる介入をすることで、意識レベルでの考察を可能にします。自分の行動の意味が了解されることは、T子の自我の働きを強化することになるでしょう」。

私は面接記録の続きを読んだ。

「『それは難しいことね。T子ちゃんはできると思う?』と問うてみた。T子はムキになって『私はできると思います。私は家と外とで違うから。家だったら反発するけど……』と言うので、『どういうことに対して反発するのですか』と尋ねた。T子は『お母さんから用事を言いつけられるとき、私にやれと言うけれど、自分の家のことだったら自分でやればいいのに』と多少怒ったような口調になる。そして、『私は確かにやらないけど、たまに家にいるときはのんびりさせてくれたらいいのに』と不服そうに言いながら、半ばソーシャルワーカーに同意を求めるような顔をした。私はT子の口調を真似て、『いつもそんなふうに思うの?』と繰り返した。T子は『お母さんにはしつこく言わないで、と言っているのです。お母さんはちゃんとやれば言わないと言います。お母さんが言うことはそうかなって思うこともあるけど、そんなのわかっているのに、としゃくにさわってしまうのです。お母さんは家でうるさすぎるの。いつもなのでかないません』と投げやりな口調になった。

私は『そんな感じだったらT子ちゃんは思っていることをちゃんとお母さんに話せないのね。一度お母さんとお母さんの担当者とT子ちゃんと私で話し合ったらどうかしら。主にT子ちゃんとお母さんに話してもらうのだけれど、家で話すのとはまた違うと思いますよ』と提案した。T子の返事は『そんなの嫌です。別に話したいと思いません』という。私は『そう。話す必要がなかったらいいわ。私が強制するものではないから、それでいいわ』といい、彼女を受けとめた。

私の提案に対するT子の返答について、スーパーバイザーは、「ソーシャルワーカーの問いはとてもよい、しかしT子が今は必要ないと思っていても、状況によって彼女の気持ちが変わるものだということを念頭に置いておくように」と注意した。

T子は「親孝行はしたいと思っています。働きに出たら家にいる時間が少なくなります。少しでも家計の足しになるようにしたいです。お母さんはこのあいだ、食費はいらない、その分貯金しなさいと言っていたから、あんまり出せないと思うけど……」と言うので、「それをお母さんに話したことはあるの」と聞いた。T子は「いいえ、何も言わないでびっくりさせようと思っているのです。私だってできるし、姉は今でも余分なお金があったらお母さんに使ってと言って渡しています。母親というものは千円でも娘からもらえば喜んでくれます。今までは食費だけでも入れるのが嫌だったけれど、家が苦しいのは知っていたので、少ないけど入れていました。今度私が働きに出たら、家族四人分の食費がやりくりできるように、チョットでも多くお金を渡したいと考えています。私が何も言わずにお金を渡したらお母さんは喜ぶだろうと思います」と話し、彼女は話したいことがいくらでもありそうな様子であった。

私はT子の言葉の意味を考えながら聞いていた。「T子ちゃんの心のなかにはお母さんに反発する気持ちとお母さんを喜ばせたいという気持ちがあるのね」と言うと、T子は笑いながら「おかしいね。矛盾しているね」という。唇をかんで少し考え込み、「母が言うことはその通りだと思います。私が常日頃やらないから、母はしつこく言うのです。ちゃんとやっていたら言われないのに。やる気はあるのですが、嫌になります」と付け加えた。私が「普段からやったらどうかなあ」と提案すると、「それも照れくさいです。言われてやるのは腹が立ちます」と反論した。私が「これをしようと思っているときに、お母さんがしつこく『しなさい』と言わないでほしいと話してみたらどうかしら」と提案を続けると、T子は「言おうと思えばいつでも言えるけど、その前に『やる気がない』と言われたりして、反発し合って二人とも黙ってしまうのです」とこだわり続けた。

「そうするとそれ以上おかあさんとT子ちゃんは話すことはできなくて、T子ちゃんは思っていることを十分にお母さんに伝えられないのね。T子ちゃんはこれから働きに出るのだから、このような気持ちをもうお母さんに言わなくてもいいのね」と念を押すように言うと、「いまさら話せないよ。十年近くもずっと話したことないし」とT子は急に怒って顔をしかめた。さらに「お母さんが何か言ったら、いつも『何言ってるの！うるさい！』と言っていました」と付け加えて、T子は慌てて口を覆いながら「こんな汚い言葉を使ったらだめですよね」と言って笑った。

「いいわよ。T子ちゃんの思うことを言えばいいのよ」と私がいうと、T子は背筋を伸ばして姿勢をただし、「私が話したいなあと思った頃、母はずっと働きに出ていて家にいたことがありませんでした。たまに話すと、『もっといい言葉で話しなさい』と言われました。自分だって汚い言葉を使っておいて、私にはそれを強いるのです」と冷静に話し出した。私はT子の母親への思いを「話したいと思ったときにお母さんがいなくて話せなかったのね」と繰り返した。

少し間があって、T子は、先日家族でテレビを見ていたときのことを話し出した。「そしたらわからない言葉が出てきたので、兄に聞いたら『そんなこともわからないのか。わからないことがあったら俺に聞け。俺のわかることだったら何でも教えてやるから。俺は三分の一、人生を終えたから。俺のわからないことはお母さんに聞け。お母さんは三分の二人生を終えているから』と言いました。それを聞いてお母さんが『本当にもう片足棺桶に突っ込んでいる』と言った。たしか私がお風呂から出た後だと思う。私が『いとこの家は、お金がないといっても、うちよりはあるからいいなあ』と言ったら、『お金がなくったってあんたたちに不自由はさせていない。あんたたちが働けばいいんだ』ってお母さんが言ったので、急に腹が立ってしまい『お母ちゃんなんか死んだらいい』と言ってしまいました。言ってしまってから『しまった』、なんてひどいことを言ってしまったのだろう、冗談のつもりだったのにと思いました。今までもひどいことを言ったけど、『死ね』とは一度も言ったことがありません。お母さんは後でおじさんに、私から『死ね』と言われて悲しかったと話したそうです。本当に『しまった』と思いました。いつも私は偉そうなことを言っているけど、一回もそんなことは言わなかったのに。言わなければよかったです」と反省しているかのように言った。

T子は、何かこみ上げてくるものを味わうように、しばらく沈黙した。「今は別にお母さんに話したいと思いません。一度お母さんから離れてみたら母のありがたみがわかるだろうと思います。今までだって、ありがたいとは思うことはあったけど、いつも一緒だと忘れてしまって、反発してきました。これから働きに出て、それでも母親というものがわからなくなったとき、ここで四人で合同の話し合いをしたいと思います。今はそのままにしておいてほしいのです」と言い終えて、T子は顔をまっすぐに上げて私を見た。

T子は帰り支度をしながら、「母がハローワークに一緒に行ってくれると言っています。やっぱり一緒だと安心できます。もし一人で行ったらいろいろなことを話さなければならないけど、お母さんだったら経験も深いし、それだけうまく話してくれると思います。私の思っていることと、お母さんが思っていることは違うだろうし、できるだけ二人で行こうと思っています」と言った。T子は面接料金を払って、次回面接を約束して帰った。

スーパーバイザーは、「今日はここまでにしておきましょう。次の面接の前に、母親の面接担当者と一緒に合同スーパービジョンを行います」と言った。いつものように詳細なケース検討がなかったことが不思議だった。でも長いケース報告で私は疲れていたのでほっとした感じもあった。

3　第十四回面接前のスーパービジョン

今回は、T子との第十四回面接の前日に、母親の担当者と合同スーパービジョンを受けた。スーパーバイザーの言葉は、「次回の面接では、以下の点を十分に検討して臨むように」との指示から始まった。

死が象徴するもの

短絡的反応としての行動化

■家族のコミュニケーション形態■

「死が象徴するものについては、もう少し話させる必要があります。たとえば、長兄が『俺は人生の三分の一、母親は人生の三分の二を終えた』とT子に言っているのは何を意味しているのでしょうか。こういう話題は聞き流さず、この家族の特徴的なコミュニケーションとして確認したほうがよいでしょう。

T子は『頼りない母親だけれど大事にして』とせがまれて、『そんなら死んだらいいと言ったものの、ひどいことを言ってしまいました』と後悔しています。『姉は本当によくしてくれた、姉の真似をしてほしい（小五から食事のしたくや洗濯をしていたなど）』と母親から言われ、T子は『姉をエコヒイキしている』と感じてショックを受けているのです。しかし、母親は『同じように育てたつもりで、エコヒイキなんかしていない』と言う一方で、『T子をこの相談所でいい子にしてほしい』と依頼しています」。

「このように十分な考察なしに本音をストレートに出すコミュニケーションは、短絡的な行動化を招きやすいのです。こうした何気ない会話のなかからこの家族の関係やコミュニケーションの形態を明らかにしていくことができます」。

■関係の調整■

そしてスーパーバイザーは、「T子が自分で考え、自分の言葉で語っている第十三回面接を大切にするために、母親との合同面接を導入して母娘関係の調整を図り、一気に終結に向けた準備をしたものかどうかを考えています」と言った。ここで初めて前回のスーパービジョンが途中で終わり、今日の合同スーパービジョンに持ち越された理由が了解できた。スーパーバイザーは「母親がまだかなり操作的なので、T子の動きに合わせて介入する可能性があります」と、母親についての危惧を以下のように述べた。

「母親は『自分のしつけが悪かったのかどうか教えてほしい』と言いながらも、『ソーシャルワーカーがT子をいい子に導いてくれていない』と怒りを表しています。母親とT子の関係作りは、彼らなりに努力をしていく課題ですが、ソーシャルワーカーに直接向けられたこうした感情については話し合って調整することが必要でしょう」。

来所時のクライエントの目的（主訴）と現在の彼らの目標を明確にすること

「母親はT子には職を世話してもらうところと言い聞かせて来所しました。その母親の気持ちはわかりますが、彼らはここで何ができると思っているのか、また、ソーシャルワーカーとしては何をしようとしているのかを明らかにして調整しなければなりません。

T子は母親の言うような大人としての独立ではなく、彼女なりの独立を望んでいるようです。『何を目的にここに来ているのか』についてT子とも母親とも話し合う必要があります。母親には、当相談所はあなたの子どもを取り巻く問題を援助する場であって、いい子にする場ではないということを再度明示することが必要です」。

■ 母娘合同面接の導入について ■

「合同面接がどのようなものかまだ十分に説明できていないので、次回の面接で合同面接のことを持ち出すのは早すぎるでしょう」と言う一方で、スーパーバイザーは、母娘合同面接の必要性を感じているようにみえ、以下のように話した。

「母娘のコミュニケーションは、T子が普通に話し合うことができなかったと言っていることからも、ほとんどできていないことがよく理解できます。親子間のコミュニケーションをよくする援助が必要だと考えるのなら、合同面接が必要でしょう。その場合、これまでのこと、将来のことを母と娘で話し合うのが目的で、ソーシャルワーカーは話し合いに入り込まないで観察することが必要でしょう」。

母娘合同面接の意義

「導入の仕方として、『合同面接をして、あなたがお母さんと話し合えるように助けたいのです。私に話すことを通してお母さんと話をするわけだからきっとできると思います。お母さんが楽になるのではなく、あなた自身が楽になるのだから』と説明するのもよいでしょう。ただし、合同面接ではソーシャルワーカーはクライエントに指示するのではなく、援助する立場です。その話し合いに二人のソーシャルワーカーが加わり、たとえ母娘が喧嘩をしても止めないようにします。むしろ、母娘がともに、ソーシャルワーカーのサポートがあることで安定感を持ち、相互理解をすることになるでしょう」。

合同面接の目標

「T子がまだ気持ちを明確にする準備ができていない場合、また葛藤が深く内向して介入が危険な場合には、T子が母親との葛藤を表出し、意識化することを目標に合同面接を導入します。ソーシャルワーカーをモデル（無意識的な取り入れ）にして成長を図っているT子にとって、ソーシャルワーカーが母親とどのように接するか、T子の気持ちをどのように代弁するかを聞くことで感情表出の学習が可能となります。このような場合、歩くのはクライエントだが、ソーシャルワーカーは松葉杖（補助自我としての役割）となります」。

■　現実検討を意図的に行うこと　■

スーパーバイザーは援助技術の課題として「現実検討」とそれを具体的に押し進めるための「直面化」の技術について説明をした。

「お手伝いさんの仕事についてもっとはっきりとした現実検討をしたほうがよいでしょう。T子はどのようなイメージをもっているのか、それはどこでどのように入手した情報か、テレビで見たのかなど、具体的に聞いて、現実原則に照らし合わせて一緒に検討してみましょう」。

直面化を働きかける

「お母さんとのことでT子が経験していることをもっと話してもらいます。T子の腹が立ったことでも、お母さんの腹が立ったことでも、感情だけに焦点をあてないで、T子がその状況に直面化し、置かれた状況について考えることができるような介入が必要です。

人には困難な状況を避けようとする本能的な防衛が働いています。そのため、直面化の技法はソーシャルワーカーとクライエントの関係が信頼をベースに支援関係として成り立っていなければ活用できません。この技法は、ただ威圧感を与えるだけで、逆に防衛を強化させてしまう場合もあるので、使う際には慎重にしなければならないのです。

■ クライエントのアンビバレントな感情への働きかけ ■

最後にスーパーバイザーは、次回面接に向けて、私に以下のような具体的指示を出した。

「前回の面接では、これまでのT子との面接全体に貫かれているテーマであった『T子のアンビバレントな感情』が明確に出されています。このテーマをT子自身が理解できるようにすること。

ソーシャルワークでは、クライエントが自らの置かれた状況とその状況下で自分が何を考え、どのように行動しているのかについて、十分に考察できるように働きかけることが求められています。あなたは第十二回面接でも、『同い年が嫌だという気持ち』と『同い年の人と友達になりたいという気持ち』など、具体的な場面に焦点を置いてT子がアンビバレントな自分の心の動きを理解できるように、内省的な手法で意図的な介入を試みています。このやり方で、『お母さんと一緒にハローワークに行く』ということについても、『家にいたいという気持ち』と『家から離れたいという気持ち』の表れかもしれないと問い返してみなさい。自分の心の動きを理解することで、二重人格として自分を責めていた事象が、お母さんの感情と絡み合った心の揺れ動きであることを正しく認識できるようになるのではないでしょうか。『そういうことをこれまで考えたことがありますか。このことについてはもっと話し合ってみましょう』と尋ねてみるといいでしょう」。

否認

「T子のように否認や理想化など、現実を回避する防衛を多用している場合、現実検討は難しいのだが、内省的な手法による直面化は効果的である。

今回のスーパービジョンは、「人を理解すること」の深さと、アイデンティティ形成に対するソーシャルワーク機能の重要性を理解でき、充実したものだった。終了後、アイデンティティの形成について、デッソー[1]の著作で復習した。デッソーは以下のように述べている。

青年は自分が何者であるか、自分の社会での役割はどうなるのか、という問いに自分で答えようとする。自分は子どもなのか、大人なのか。自分は将来母となり、妻となる能力を持っているのだろうか。自分は敗北者になるのか、成功者になるだろうか……アイデンティティを身につけるのは非常に難しいことであるが、これこそ人の生理的動力と無軌道性と人の厳しい良心の専制から自分を守る唯一の守護神である。アイデンティティを失うことは、人生が一貫した意味ある継続的なものであるという感覚を失うことであり、彼を幼時の葛藤にさらし感情障害を導く。

注

(1) D・デッソー／上野久子（訳）『ケースワーク・スーパービジョン』ミネルヴァ書房、一九七〇年、一八二頁。

第6章　終結期

1　第十四回面接後のスーパービジョン

■ 終結のきざし ■

スーパービジョンで、ケースの終結のテーマが取り上げられるようになった。私には、T子との面接が終結を迎えているという実感はなかった。T子と私はどのような形で最後の面接を終えるのだろうか。これが初めての担当ケースである私には、終結のイメージを描くことができなかった。第十四回の面接も特に終結を意識することなく、いつも通りに行った。第十三回の面接がとても重みのあるものだったからか、今回の面接ではT子も私も淡々としていたのが印象的だった。スーパーバイザーは私のケース記録の報告を聞いて、「ここ数回の面接は、T子が言葉と行動で気持ちを表すようになってきていることが特徴的です。母親と兄のことなど、家族の話題もよく取り上げているが、家族にどのような変化が起きているのでしょうか。T子の日常的な言動も安定してきているようです」と言った。そしてケースの終結のきざしについて以下のように語った。

「終結では、クライエントと一緒に面接全体のふりかえりを行い、ソーシャルワーカーに投げかけられたものをクライエントに返し、それらが納まるのを見届けなければなりません。ケースが終結に向かっていると思ったなら、その準備が必要です。予測をもって準備に時間をかける必要があります。また対人援助のゴールは過程に沿って決定されるものなので、この時点でというような特定の時点が援助終了の到達点にはなりません。T子の話す内容は彼女自身が行っていることの報告が多くなってきていると思われます。クライエントの話が日常生活の報告を中心に展開されるようになってくる頃、あるいは未来に向けた希望や行動（取り組み）を述べることが随所に見られるようになれば、それが終結のきざしです。T子にもそのきざしが出てきているので、これ以降は終結を見通したかかわりを意図的に行うようにしてください」。

■ クライエントのアイデンティティ形成と家族関係 ■

その後、スーパービジョンは今回の面接で確認できたT子のアイデンティティ形成と家族関係についての検討に移った。

T子の文化

「T子は基本的なところで母親の文化様式を取り入れているようです。母親は酒とタバコを嗜むようです。T子のタバコ（未成年者の喫煙・反社会的行為）はこうした家庭の文化と関連付けてみる必要があります」。

T子の性格形成につい

「ソーシャルワーカーは、T子についてお父さんがいなくて苦労した小さな女の子という印

て

象をもっているようですね。母親が法律スレスレのところで苦労して子育てをしてきたことも影響しているのでしょうか。こうした過去の出来事を基盤にした怒りと、『結婚に際して誰よりも多くしたくをしていきたい』といった現在の価値観との関連性を話し合ってみることで、彼女の性格形成がよく理解できるかもしれません。『それはあなたにとって、重要らしいがどういうことなのかもっと教えてもらえる?』などと問うてみることでT子の自己認識が深まるでしょう」。

兄との関係について

「『兄がこわい』、『兄は母思いだから、かなわない』という表現をT子はたびたびしています。兄に対する嫉妬があるのでしょうか。それとも、兄に対する尊敬なのでしょうか、怒りなのでしょうか。これらを吟味することで、男性に対するT子の評価や感情について、より正確なところを知ることができます。T子の男性観を理解する助けになるかもしれません」。

T子のスーパーエゴについて

「T子の会話には親孝行をしたいという話題がよく出てきますが、これは母親や兄から教え込まれた家族固有の道徳なのでしょうか。つまり、母親の価値観や道徳観によって形成されたT子のスーパーエゴが語らせているのでしょうか、それともT子の本音は別のところにあるのでしょうか。ただ口先だけで言っているのか、もう少し深いところで話しているのか、T子にはスーパーエゴとエゴの葛藤があるのか、T子が自分の本音について話すことはいいことなのか、などについて考えてみてほしいのです。

ソーシャルワーカーがT子に関心をもっているということを示すためにも、『お母さんの風邪はどうですか』、『お母さんの病気で、仕事はいろいろ増えたのですか』、『相当に忙しかったのですか』といった日常的な会話を意識的にして、T子の価値観や道徳観、本音を明確にすることもできると思います。母親の道徳観がそのままT子のスーパーエゴになっているのかを、具体的に話し合えるといいのですが」。

T子はA氏との逃避行に関して私との面接では多くを語らなかった。この出来事はイドの産物だったのか、T子自身にも検証不能で意識的に取り組める領域ではなかったのかもしれない。スーパーバイザーがインテーク時に予測したとおり、T子の課題は家族からの自立で、面接では終始「自分（エゴ）」と「母親、姉、兄（スーパーエゴ）」との葛藤の構図が見受けられた。求職活動はまさにアイデンティティの確立と軌を一にする歩みだと思った。そのような意味で就労支援は、仕事探しであると同時に自分探しのプロセスだったのだろう。ケースの開始期に比べ、スーパーバイザーが使う理論的概念がT子の具体的な言動を理解させるものとして活用できるようになった。私は自分で納得したことをT子の自己理解に反映させ、面接の振り返りをどのように進めたらよいのかなどについてしばらく思いめぐらしていた。

2 ケースの終結準備

■ 第十五回面接　キャンセル ■

面接当日にT子から今日は行けなくなったという電話があった。近所のおじいさんが急病になって病院に運ばれ、その家の留守番を頼まれたのだが、何時になったら家人が戻るのかはっきりしないという。そして、明日からは近所の美容室の手伝いにいくことになったと話した。「T子ちゃんが家で遊んでいるのなら手伝ってほしい」と頼まれたという。次回面接を美容室の休業日に合わせて約束をした。

私はスーパーバイザーに、第十五回面接が予約時間の間際の電話連絡でキャンセルとなったことを報告した。スーパーバイザーは、T子の予約の変更について留意すべきことを私と話し合いたいと言った。

予約の変更について

「クライエントが予約の変更をしてほしいと言ったときは、本当に都合が悪いのか、ここに来ることに関してアンビバレントな感情に陥っているのかを見極める必要があります。アンビバレントな感情は、どちらか一方を選択すると葛藤がさらに高まります。どちらも選択しないで「取り組み」を先送りする、つまり当面直面化を避けたいというクライエント自身の意識的あるいは無意識的判断が働いているとも考えられます。このような場合には、約束していた定期面接日を早めるよりも、次週の定期面接日まで待たせるほうがよいこともあるのです」。

スーパーバイザーはしばらく間を置いてから、急に座り直し、姿勢を正して付け加えた。「ところで、思春期のケースの変化は激しく、予測を超えたところで終結を迎えることも珍しくないのですが、このケースもそうなりそうです」と言った。

■ 終結に向けた課題 ■

私は「終結」ということばを聞いても、T子との面接が終わりになることの実感が湧かなかった。そこで、「終結を見通した面接では、具体的にどういうことを意識して行うのでしょうか」と尋ねた。スーパーバイザーは以下のように答えた。

「ソーシャルワーク面接では通常、全行程の三分の二を経過したあたりで、終結に向けた準備を意識することが多くなります。面接を通して、二人で取り組んだことを確認しあうことが必要です。ついては、この面接が最後になるかもしれないということを念頭に置いて、次の面接に課題を残さない注意もしてください。面接がいつ最後になってもいいように、クライエントが支援を必要とするとき、再び戻ってこられる関係を双方で確認しておくことも大切でしょう」。

T子が次の面接に来所しなかったらどうしようと思うと、私は急に不安になり、『終結の面接をしなければならないのに、T子ちゃんが来所しないとしたらどうしたらいいでしょう。何も準備できていません」と少しうろたえながら尋ねた。スーパーバイザーは笑いながら私を諭すように言った。

「クライエントはあなたに、十三回目の面接で、仕事に就いてからも会ってくれるかと言っています。これは終結後の関係をすでに確認していると言えるでしょう。ソーシャルワーカーが意識して構成したわけではありませんが、終結期の課題がすでに織り込まれていたということでしょう。しかし、このまま何の確認もなく自然消滅することは、T子の自己実現の体験が意識化できないもので終わってしまうので、次回がキャンセルの場合、T子を呼び出すことにしましょう」。

■ 第十六回面接後の合同スーパービジョン ■

第十六回面接は予定通り終了した。私はスーパーバイザーからこの面接を最終面接と位置づけるようにとの指示を受けて、終結について意識はしていたが、面接はいつもと変わりなく終了した。

今回のスーパービジョンは母親の担当者と合同で行われた。T子との第十六回面接記録を読んだ後、スーパーバイザーは終結の話題には特に触れず、面接の技術的指導を中心にして、以下のような留意点をあげた。

「『下には下がある』、『女の特権』など、従来の面接にはなかった大人びた言葉が使われています。母親の言うことをまねているのでしょうか。他の誰かから影響を受けているのでしょうか。

このような変化を敏感に捉えて、具体的に確認するようにしてください。

アルバイトの話題に対してもソーシャルワーカーは『どのような環境でどういった内容の仕事をしているのですか』といった具体的確認をせずに、T子の気持ちに焦点を当てた聞き取りをしています。これは不適切です。先にT子の仕事の内容など体験していることを具体的に聞いて、それにまつわる気持ちをその後聞いていくべきでしょう」。

変化は的確に捉え具体的に確認する

クライエントの自己分析への対応

「T子は『私は負けず嫌いです』と自分の性格を分析しているが，全般的にT子は自分をよく見せたがっていると思われます。自分の性格を語るT子に対してソーシャルワーカーはとても丁寧な応じ方をしています。例を挙げると，T子が面接でソーシャルワーカーに『自分がよい子だとあなたに思われたいのです』と言ったことに対して，ソーシャルワーカーが『その気持ちはわかるけど，あなたの悪いところを知ったからって嫌いになったりしないよ』，また，『あなたのことをよく知っていこう，そして，あなたと一緒に考えていこうと思っているのよ』と応じていることです」。

エゴサポート

「T子が，たとえば『よい子になりたい』というような一般化した言葉を用いたときは，何かの支え（スーパーエゴの保証）がほしいからでしょう。その考えを評価することはスーパーエゴを保証することになります。だから，『誰でもそう思うわね』といった応じかたでその一般化のパターンを強化するようなことはせず，『あなたが言うよい子とは具体的にどういうことなの？』と尋ねて，意識的にサポート（エゴサポート）をするように努めなさい」。

クライエントが秘密を持ちかけたとき

「T子が『母に言わないでくれ』と言ったとき，ソーシャルワーカーはその内容について尋ねていますが，クライエントが秘密にしてほしいと言ったときの対応については慎重にすべきです。これは，言わないでと言われたことを了解するか否かだけの問題ではありません。

クライエントが『今から話すことをお母さんには言わないで』と言ったとき，ソーシャルワーカーは『まだ何も聞いていないから，言わなければならないものかどうかはわかりません。なぜそんなことを言うの？　もしかして，言わないことで私が困ることになるの？　あなたはそれを望んでいるの?』など、秘密の内容には入らず、その扱いについて話し合いに持ち込むことが必要です」。

3 本ケースの全過程についての個別スーパービジョン

■ 終結の判断 ■

第十七回面接はキャンセルだった。母親の報告とT子からの連絡状況からみて特に問題は発生していないようだった。スーパーバイザーはキャンセルの報告を受けて「ケースを終結するにはよい時期かもしれません」と言った。そして「このケースの全過程の振り返りをするための個別スーパービジョンをしましょう」と言った。

T子の行動変化

「T子のA氏との関係（反社会的行為）に変化が見られました。T子はソーシャルワーカーにA氏のことをあまりしゃべるつもりはなかったと言えます。つまり、来所した時点から、すでに彼女の行動に変化が生じたことが認められます。T子の十七歳という年齢は最も変化を起こしやすく、短期間に急激な変化が生じます。この年齢で受けた影響は後々まで続くでしょう」。

仕事について

「T子は姉が勤務する大企業で生産ラインに携わっていましたが、A氏との逃避行により会社を解雇されました。彼女は姉のように結婚して母親の期待するような女性になりたいと望んでいたので、家事能力に勝るためには家事手伝いの仕事につくのが早道と考えたのです。しかも、自分の家を出て他人の家族と同居する住み込みという条件を提案しました。つまり、T子は、自分の家族とは別の家族のなかで自らの形成を試みたいと願っていたと考えられます。ソーシャルワーク面接の過程を経ることで徐々に、自分の置かれた現実を拒否せず受け入れる方向に移行し、結果的には、近隣の美容室での見習い仕事を引き受けることを決心しました。これは、T子が絶えず気に懸けていたはずの身近な肉親の評価を避けるのではなく、受けながら自分の家族のなかで自己の形成へと歩みだしたといえるでしょう。自分の力で、今できることを選択した結果です」。

アイデンティティ形成過程の変化

「ソーシャルワーク過程の初期には、T子は姉に対するライバル意識から、非行少女の言動をとることで姉には反同一化(ネガティブ・アイデンティフィケーション)していました。A氏との逃避行に失敗した後、T子はお手伝いさんになることで家族の理想に同一化することができると考えるようになりました。このことに言及した第十三回面接でT子はソーシャルワーカーとの同一化を体験して大きな転機を迎え、これまでとは別な方向へ動き出しました。

しかし、現段階でT子のアイデンティティが形成されたとは言い難いでしょう。まだ他者の影響を受けて自己形成をする途上にあり、T子が自分の希望通りの人生を選択しているとはいえません。家族内には、まだまだ意見の対立が起こるでしょう。今は見守るしかありませんが、これからもT子をサポートする必要があるでしょう」。

■ 今後の見通し ■

T子との面接を今後どのようにするかについてスーパーバイザーから三つの取り組みが提案された。

① 地元に戻った時に、連絡をするようにこちらから指示する。
② 何か相談したいことがあった（ニーズが発生した）ときに、連絡をしてもらう。
③ 他の相談機関を紹介する。

それぞれについて私の意見を求めた後、スーパーバイザーは以下のような考え方を示した。

「T子の年齢では、ソーシャルワーカーによる個別援助以外にも成長のための多くのチャンスがあります。面接の継続にこだわらず、T子の選んだもの（自己決定）を尊重することも大切です。『とにかくやってごらん』とエールを送り、『休みなどで時間ができたら電話をかけてください』と言ってもよいでしょう」。

スーパーバイザーは「T子の個別援助を終結にします」という決定を下したあと、ケースの終結にあたっての心構えについて以下のように話した。

ケース終結の留意点

「ケースの終結で留意しておきたいのは、その話し合いの時期を見誤らないことです。クライエントが休みがちになり、来ても面接に気乗りがしない様子があれば、『面接を一旦打ち切りたいですか、それとも相談したいときに来るようにしますか』など、クライエントと話し合い、はっきりさせる必要があります。クライエントが来なくなってケースを自然消滅させてしまうことは避けたいものです。クライエントが面接に不満をもってそのために来なくなったという場合でも、前述のような話し合いをしていれば、後になってクライエントが来たいと思ったときに自分の意志で再びくることができるかもしれません。

日本人には、対人援助についての文化的風土として、他人に迷惑をかけたくないという思いが強くあります。自分や家族が抱える問題を他人に相談するものではないという考えがあって、相談機関（相談者）に対する根深い抵抗があるのです。だからこそ、クライエントが必要ならば遠慮せずに来られるように、ドアはいつでも開いていることを理解させておくことが大切です。

他機関への紹介の取り扱いについては、T子が今後問題を持ったとき、相談できる場の確保が必要です。相談機関を紹介できることを知らせておくことも重要です。一つの機関のソーシャルワーカーが他の機関にケースを送致する場合、何を伝えるのかをよく考え、クライエントの福祉につながるようなことだけを伝えるようにします」。

■ ソーシャルワークの目標について ■

ケースの終結とは、もっと明確なものかと思っていたが、このあいまいさは思春期のクライエントに対する対人援助の特徴なのかもしれない。H・H・パールマンも[1]、「開けつつある見通し」、「ゴールらしき点に近いところの地」という表現を用いて、対人援助の終結（ゴール）を説明している。M・E・リッチモンド[2]は、個別援助の二つの目標として①

問題状況の変化、②クライエントのパーソナリティの成長をあげている。私はスーパーバイザーとの振り返りで整理した限り、T子の事例はこの二点を見通すことができたと思う。

スーパーバイザーは、個別援助のゴールについて以下のように述べた。「問題の完全な解決やクライエントの自立（パーソナリティの変化）を目標とした場合、際限のない過程に入り込み、自然消滅的な無責任な終結となることがある。また、ソーシャルワーカー側に万能感や無力感を植えつけるような『終わりなき援助過程』が展開される危険性がある」。ソーシャルワークの場合、問題の解決が終結ではなく、クライエントが取り組み行動を開始した時点で終結にすることがある。その意味では、T子と私の取り組みはソーシャルワークの目標に到達しているのかもしれない。

■ まとめ ■

T子との面接は第十六回で終了した。その後T子と会うべく何度か連絡を取ったが、実際には会わないまま終わっている。電話での情報では、T子は美容師の見習いをしながら学校に通い、資格試験を受ける準備をしているという。家族関係やボーイフレンドについては多くを語らなかった。

T子に対する支援過程を振り返り、とにかく面接前後とキャンセルに応じてスーパービジョンが行われたことで、どうやらソーシャルワーカーとして機能できたことを痛感するばかりである。T子の面接に至るまでの問題と主訴とのギャップに深入りせずにすんだこと、新人ソーシャルワーカーとしての気負いを制御しつつT子の現実に向き合えたこと、たび重なるキャンセルにもかかわらず投げ出さず、クライエントを非難せず、最終段階に漕ぎつけたこと、重層的に母親面接を組み入れてもらったことで視点が広くもてたこと、クライエントの訴えに正面から向かい合う姿勢というものが実感できたことなど、とにかく実践を通してしか学び得ない多くを体験することができた。スーパービジョンがなかったら、まったく異なるレベルの実践となっていたに違いない。

スーパーバイザーに感謝するとともに、新人ソーシャルワーカーとしての第一歩をともに歩むことになったT子とこのケースを一緒に考えてくれた同僚に感謝したい。

注

（1）H・H・パールマン／松本武子（訳）『ソーシャル・ケースワーク——問題解決の過程』全国社会福祉協議会、一九六六年、二五〇頁。

（2）Richmond, M.E., *Social Diagnosis*, Russell Sage Foundation, 1917.

第7章　コンサルテーション

保健・医療・福祉の現場では、専門職の質の低下が問題視され、専門職の養成に対するニーズが高まってきた。それぞれの施設や機関のなかで、スーパービジョン体制は少しずつ構築されるようになってきたが、その効果を発揮するにはまだ時間を必要としている。一方、専門的な情報や知識の不足から援助効果が出せないで苦悩したり、自分が専門家として役割を果たしているかどうかの自信が持てずに苦しんだりしているソーシャルワーカーたちがいる。この場合、コンサルテーションは有効な手段として活用できるものである。

第1～6章に登場した新人ソーシャルワーカーYさん（第1～6章の「私」）は、その後十数年専門職として働く傍ら、保健・医療・福祉の現場の専門職にスーパービジョンやコンサルテーションを実施するようになっていた。彼女は現場のソーシャルワーカーたちに、スーパービジョンに加えて、コンサルテーションがどのような支援を提供できるのかについて探究したいと考えていた。本章では、Yさんのコンサルテーション実践のなかから、精神科クリニックで働く経験の浅いソーシャルワーカーの場合を取り上げる。

このソーシャルワーカー（第7章の「私」）は、コンサルテーションのプロセスを具体的に、詳細に紐解きたいと考えた。それは彼女にとって初めてのコンサルテーションを受ける体験であり、そこで起こった彼女自身の変化はその後の彼女のソーシャルワーク支援の実践に大きく反映したという。本章の構成は、コンサルテーションを受ける準備、治療システムと支援契約の点検、アセスメントの点検、今後の支援計画の点検、コンサルテーションの意義に区分され、コンサルテーションのプロセスレコードを基に記述されている。

1　コンサルテーションを受ける準備

■ コンサルテーションとは何か ■

私は民間療育機関で数年働いた後、大学院で社会福祉を学び、家族相談機関を経て、精神科クリニックのソーシャルワーカーとなった。ソーシャルワーク実践に家族療法的アプローチを取り入れていきたいと考え、家族療法の研修会や学会などに積極的に参加していた。私の所属していたクリニックでは、治療に家族支援を組み入れる試みをしており、スタッフの研修や支援困難ケースの検討のために、外部からの専門的なコンサルテーションを受ける体制があった。

今回主任ソーシャルワーカーである上司から、S夫人への支援についてコンサルテーションを受けるようにという指示があった。確かに私はS夫人の支援に行き詰まりを感じていた。コンサルテーションは、心理社会的アプローチに基づくソーシャルワーク理論に、力動的精神医学と家族システムズ論を取り入れて行われるという。コンサルテーションで専門的な助言を受けることによって、このS夫人への取り組みにどのような効果が生まれるのかと期待が膨らんだ。

コンサルテーションは、クリニックのスタッフとして、また対人援助の専門家として私が業務を遂行し、専門家として成長することを助けてくれるものと理解している。職場内で上司からスーパービジョンを受け、職場外の専門家からコンサルテーションを受ける体制に支えられることは、随分心強いと思った。

■叙述体のプロセスレコードについての学習■

コンサルテーションを受けるにあたって、面接の叙述体プロセスレコードおよび、コンサルテーションを受けたい理由を準備しておくようにと指示があった。これまで上司からスーパービジョンを受けるときには、要約記録に基づいていたが、叙述体の記録は今回はじめて書くことになる。「叙述体」の記録や「プロセスレコード」という言葉は知っていた。しかし、コンサルテーションを受けるにあたり、なぜ「叙述体のプロセスレコード」を求められるのだろうか。ひさしぶりに文献にあたり、その意味を探ってみようと思った。

叙述体プロセスレコードの特徴

記録の内容（様式）は、所属機関・施設の目的によって種々ある。また記録は、コンサルテーションを受けるための資料でもある。さらに「プロセスレコード」は、援助の展開過程に沿った記録のことであり、「叙述体」のプロセスレコードは、援助過程（プロセス）に沿って面接で把握したままの事実を客観的に述べるものである。ライブコンサルテーションなら面接場面にコンサルタントが同席し、ライブで指導することができるが、それ以外では面接で起こったことを面接者しか知ることがない。そこで「叙述体プロセスレコード」はコンサルテーションにとって不可欠な資料であることがわかる。また叙述体の記録は逐語体の記録と異なり、発せられた言葉以外の非言語的な行動を面接の流れに沿って叙述するため、これを読む第三者が状況を把握しやすい。事実の客観的叙述を記録者

（面接者）に要請するため、記録者の主観的記述が最小限に抑えられることも叙述体の利点である[1]。

私は叙述体の記録とは「……と思ったので……した」とか「……なので……クライエントに一方的に尋ねてしまった」などと記述し、自己の行動を正当化するためのものだと思っていた。しかし、調べてみて叙述体のプロセスレコードは、主観的記述をできるだけ抑制して起こったことを淡々と記述するものであると理解した。

主体的にコンサルテーションを受けるための目的・目標を設定する

■ 取り組み理由の明確化 ■

コンサルテーションを受けたい「理由」を述べるようにあらかじめ指示されていたが、何と言えばよいのだろう。私が担当したクライエントS夫人が面接をキャンセルすることが多く、面接していてもかみ合わないので、職場のスーパーバイザーに相談したところ、コンサルテーションを受けるように指示された。その時の内容をそのまま言えばよいのだろうか。ここで、物事に取り組むに際してその取り組みの「理由」を考えることに、どういう意味があるのかを少し考えてみた。『講師養成講座』の講義計画作りを「コンサルテーションを受けたい理由」にあてはめてみる。

講師は講義計画の前に、「何を訴えたいか」、「何を伝えたいか」という「目的」を明確にする必要性がある。さらに、より現実的な講義計画を作成するには、目的だけでなく、達成可能な「目標」を設定することが求められる。講師にとって重要なのは、講義の目的と目標を明確化することである。講義計画を効果的なものにするためには、講師側だけでなく受講者側にも、受講という取り組みに際して、受講するのは何のためか（目的）、何を得たいのか（目標）を明確にすることが重要である。このような事柄を検討した講義計画は、受講者が、受け身でなく主体的に受講し、得られたこと、得られなかったこと——受講効果——を明確にできる利点がある。(2)

この説明を、コンサルテーションを受ける「理由」に置き換えてみた。コンサルテーションを受ける理由（目的と目標）の提示を求められて初めて、コンサルテーションに対して受け身でなく自分で目的と目標を設定せねばならないと身構えた。上司に指示されたからだけでなく、自分のためにこのコンサルテーションを活用するのだと明確に意識し、達成可能な目標を設定することでコンサルテーションの効果がより明瞭になることにも気づいた。

2 治療構造と支援契約の点検

このような準備をしてコンサルテーションに臨んだ。コンサルテーションをしてくださるのは、Yさんという四十代の女性であった。契約は二時間で、S夫人を担当する私と主任ソーシャルワーカーが出席した。

アセスメントなどの再検討のためのコンサルテーション

■ コンサルテーションの目的と目標の提示 ■

今回のコンサルテーションの目的と目標を尋ねられ、私は担当ワーカーとしてその理由を、「アセスメントおよび面接計画の再検討と、面接続行の是非を決定したいのです」と簡潔に述べてから、コンサルテーションの具体的な目標を以下のように説明した。

私は、S夫人の来所が中断するのではないかといつも心配しながら、彼女との歯車がかみ合わないことに不充足感を持ち続けてきたので、コンサルテーションを通して、自分の専門性が向上することを願っていると伝えた。特に、「面接を終結に導くほうがよいのかどうかの支援方針を出すまで導いてほしいのです」と付け加えた。

Yさんは「わかりました。目標が達成できるように一緒に取り組みましょう。まずS夫人と家族の概要を簡単に話してください」と言った。そこで私は、次のように述べた。

■ S夫人と家族の概要 ■

S夫人は三十四歳の主婦で、夫は三十九歳、八歳と四歳の二人の娘がいる。長女が小学校低学年の三学期に足の痛みを訴え歩行困難となり、それを契機に登校を嫌がるようになった。一年後の秋にはまったく登校しなくなった。S夫人は長女の対応に悩み、「長女がこのような状態になったのは自分のせいだ」と自責の念にかられ、不安状態に陥って精神科クリニックを受診した。S夫人を診察した精神科医から、「学校に行けなくなっている子どものことで不安になっている母親の相談面接をしてほしい」と私に担当の依頼があり、四か月が経過した。

■ 治療構造とソーシャルワーカーの役割 ■

続いて、Yさんは、「S夫人や家族には組織的にどのような構造で取り組んでいるのか、またあなたは治療構造でどのような役割をとっているのか教えてほしいのですが」と質問した。私は、治療構造という認識をこれまで持ったことがなかった。とりあえず当クリニックの治療形態と自分が担っている役割を思い浮かべて以下のような説明をした。

当クリニックでは、児童ケースの治療形態はいろいろである。①子どもが来院しない家族のみの相談面接、②医師の薬物療法、サイコロジストの遊戯療法、ソーシャルワーカーの家族支援の組み合わせ、③母子や家族が一緒に取り組む合同面接の形態などがある。私はこれまでも児童ケースを数例担当し、主に家族、特に母親への支援を中心とした治療に参加している。S夫人の場合、初診の医師からS夫人の子育ての不安を緩和する支援をしてほしいと依頼された。通院に二時間以上かかる他県からの受診で、長期の通院や学校との連携など児童治療の条件を整えることが難しいと判断された。そこで、長女を直接的な治療の対象とはせず、間接的な治療という意味あいで、環境調整を目的に母親であるS夫人との個別面接を行う方針が出されていた。

主任ソーシャルワーカーは、「この方針については、すでに担当ソーシャルワーカーとのスーパービジョンで話し合った結果です。S夫人の夫とインテーク面接は主任である私が実施しました。その後診察医とともに会議をもち、子どもの治療は行わない方針をとりました。S夫人の不安を軽減し、子どもの問題にどのように対処したらよいかも含め、個人面接の形態でS夫人の役割遂行を支援するという方針を確認しました」と言った。

続けて、担当ソーシャルワーカーである私は、「主任ソーシャルワーカーからの申し送りに従って、私はS夫人のみと面接をするつもりでいましたが、私との初回面接からS夫人は長女を連れて来院しました。S夫人とはこれまで五回の面接を実施しましたが、うち四回は長女が、後半の二回は娘二人が同行しました。そこで主任ソーシャルワーカーからスーパービジョンを受け、私がS夫人と面接中は、他のスタッフが待合室で娘と遊び、様子を観察するようにしてもらうことにしました」と付け加えた。

ここで、私は、落ち着いてコンサルテーションを受けている気分ではない自分を感じた。コンサルテーションに臨むにあたり、目的と目標を提示するようにいわれて、その提示理由をじっくり考え、まとめる努力をしてきた。しかし、どうしても抵抗を感じる。私は、S夫人との面接については常に主任ソーシャルワーカーからスーパービジョンを受けて行ってきた。そして、今回のコンサルテーションは組織として依頼したものであり、クリニックが設定したコンサルテーションの目的・目標でよいのではないかとも感じた。スーパービジョンとコンサルテーションの違いがだんだん見えなくなってきた。

専門性の向上を目指すコンサルテーション

■ コンサルテーションとスーパービジョンとの相違 ■

福山は、[3] コンサルテーションを「保健・医療・福祉の分野で、対人援助の専門家を支援する援助技術の一つ」とし、さらに「対人援助の専門家が、組織体制や運営、職務や援助業務、援助計画に関する課題や問題などに取り組むために、特定の領域の専門家から新しい情報・知識・技術を習得する過程」と説明している。スーパービジョンとの違いは、コンサルテーションを提供するコンサルタントは組織的な業務上の責任をとらず、教育機能が重視され、また受け手のコンサルティーも遂行義務や責任が問われないことである。コンサルテーションは、何よりも専門性の向上を求めるものである。

面接契約と面接構造との関連性

Yさんは、私の説明に対して、「S夫人との個人面接の契約がはっきり交わされているのに、実際にはこのような面接構造になったのはどうしてなのですか。S夫人は、長女に対してもクリニック側で何かしてほしいというメッセージを送っていたのかもしれない。あなたはこの面接構造をどのように感じていたのですか」と尋ねた。

■ コンサルテーションで明確になった面接構造のあいまいさ ■

Yさんから面接構造について考察を促され、以下の点が明確になった。

治療構造全体を見ることの重要性

コンサルテーションを受ける理由であった「S夫人と歯車が合わない感じ」は、面接構造のあいまいさを反映していたのかもしれない。振り返ると三回目の面接以外、S夫人は長女を連れてきている。それに関して面接では触れていたが、私はその意味あいをそれほどはっきりと意識していなかった。しかし、他のスタッフが待合室で姉妹と絵を描いて遊んでいるのを見て、私は子どものプレイセラピーをしてもらっているつもりになっていた。その結果、あたかも並行面接の構造をとっているかのように捉えていた。私はS夫人の、娘をみてほしいという意向を真剣に受け止めることもなく、S夫人だけを視野に入れた面接をしていて、「治療構造全体を視野に入れた援助の視点を欠いていたような気がします」と、不安げに言った。

Yさんは「とにかく、まずはクライエントから受けた印象を振り返り、自分が感じたことを大切にして話してほしい」と述べた。

このYさんの一言で、私は「いつまでも問題の核心をついた実感がもてませんでした」、「S夫人との関係は通り一遍で表面的でした」、「いつも警戒しながら面接に臨んでいて、面接がしんどかったです」、「S夫人の不安の強さが気になって、フォローしなければいけないと考えてはいたのですが、フォローした実感がなかったのです」など、想起した面接場面での自分の感情をはっきりと伝えた。

初回面接で明確な支援目標を提示する

■ 支援契約 ■

Yさんは、「面接の雰囲気はよくわかりました。次にどのような面接契約を交わしたのか説明してください」と静かに言った。

「契約」という言葉を用いてはいないが、担当ソーシャルワーカーとしての初回面接で実質的契約を交わしたつもりだった。初回面接の折り、娘の不登校は育児の失敗だと考え悩むS夫人に対して、「母親役割をサポートすることで不安の軽減を図る」という面接目標と、「毎週一回、一時間、全十回の面接をおよそ三か月くらいの期間」にするという支援計画をたてた。面接のなかでも、「あなたは次女にかまけていて、長女の子育てが不十分だったという罪悪感を抱いていますね。この思いはとても大切なことですね。この思いを大切にしながら、長女に対して今何ができるか、一緒に考えていきませんか。具体的には週一回、……三か月くらい面接をしたいと思いますがいかがですか」とS夫人に伝えていたので、S夫人もこれに合意していたはずだった。

私は、この点でも通り一遍の説明で、面接構造同様にあいまいさを引きずっていたのかと思いながら、Yさんの質問に答えていた。

Yさんは、「S夫人の面接に対するモティベーションが明確に確認されないまま、形式的な支援契約が交わされているような感じがします。実質的な面接契約が成立しているとはいえないような気がしますよ。あなたはS夫人に会って、何を考え、どう感じていたのでしょうね。この時点で実際どのようなことを面接の目標にしていたのでしょうね」と尋ねた。

クライエント来所理由と支援目標とのずれ

S夫人は来所理由を問うた私に、はっきりと「子どもの扱いを聞きたいから来た」と答えた。しかし面接中、S夫人は一度も子どもの扱い方で困った、どうしたらよいかという質問をしなかった。ソーシャルワーク面接とは、クライエントの取り組みを支えることが目的だと思っていたので、私は初回面接の時、「子どもへの対応で悩むあなたを支えたい」とS夫人にその目的を伝えた。しかし、不登校をめぐる状況をS夫人と一緒に整理するという具体的な目標は伝えていなかった。

これまでのケースでも少なからず、このようなやり方で支援契約を結び、子どもの行動が変わっていく体験はあった。そこでは、核家族と拡大家族の家族成員の様々な関係を丁寧に聞いていくうちに、問題が軽減することや消失することがあった。今回も家族関係をS夫人とともに点検することで、長女の症状形成という形で問題を表していた家族システムに変化が起こるのではないかという読みがあった。私はこのような思いをめぐらせながらYさんの質問には以下のように答えた。

「このケースは主任ソーシャルワーカーの申し送りをそのまま受け止めたので、S夫人と私との間で面接に対する目標設定などを十分に話し合わなかったと思います。初回面接の手順は形式的なもので終わっていたかもしれません。担当ソーシャルワーカーである私の初回面接は、インテーク面接の特徴を備えているので、『すでにお聞きしたことですが……』とS夫人に断ってから、再度来所理由、問題状況を確認すべきでした。その後担当ソーシャルワーカーによる個人面接の意味・意義を説明し、最後に担当ソーシャルワーカーによる面接を受ける意志を確認するようにしなければならなかったと思います」。

クライエントとともに面接目標を設定すること

■ クライエントの様子の把握 ■

私の話したことに対し、Yさんは特にコメントすることなく、今までとまったく関係ない質問をしてきた。「S夫人はどのような人なのか、あなたが受けた印象を話してくれますか」

クライエントから受けた印象を大切にする

私は、「S夫人は、中肉中背で、カールのかかった髪を後ろで束ねた少女のような印象で、お化粧は目立たない人です。問いかけに答えてくれなくて困るということもなく、また何か言うと際限なく話すようなこともなく、一つ聞くと少し加えて答える程度の話しぶりです。態度は穏やかで、日常的なごく普通の会話をする感じです」と答えた。

これまでのコンサルテーションの流れと違った質問にとまどいを感じた。そのせいか私は、質問に外れた答え方をしているような気がしながら、話を進めていた。

「S夫人は長女の不登校の話になると、突然涙があふれ、涙が染み出てきて止まらない感じだったが同情心が不思議と湧かなかったのです。三回目の面接までは染み出て止まらない泣き方をしていたS夫人が、五回目からあるポイントに来た時に突然泣くが、すぐに泣きやむという泣き方に変わりました。S夫人の話題は、いつも長女の不登校の話になっていきました。長女の不登校以外、困っている話題は出てきませんでした。現在までに出された問題は、小さいときから次女が内臓疾患を患っていたことです。S夫妻は次女のことでしばしば病院に通っており、『長女にはよき姉であってほしいと願っていた』とのことです。一方で、『長女は次女のように自己主張しないのです』と、不満に思っていたとのことです。S夫人はこのように長女に対して矛盾する二つの願いを持っていたのです。長女は、身体症状や不登校になることで妹に代わって両親の心配・関心を引き寄せたと思われます。S夫人は長女が不登校に至ったことで、自らの育児を振り返り、次女の世話のために長女のことがおろそかになってしまったことなど、不安や罪悪感が起きたことを何度も語っていました」。

クライエントの印象をニーズ把握につなげること

コンサルテーションを

■ クライエントのニーズに沿うこと ■

Yさんは、主任ソーシャルワーカーの方を見ながら、私に静かに次のように言った。「あなたはコンサルテーションに防衛的になりすぎていたようですね。感じたままのことを語ってもらって今初めて、あなたがS夫人の表面的な主訴の背景にあるニーズを敏感に受け止めていたのがわかりました。しかし長女に対する極端な罪悪感とその保証を求めるS夫人のニーズを感じながら、感じ取ったことと実際に面接で取り上げたことにはギャップがあったようです。支援契約は形式ではなく、S夫人の真のニーズを汲み上げたものでなければならないでしょう」。

私は、S夫人が娘のことで辛がる姿をみて、支えなければならないという思いがありながら、S夫人のニーズを受け止めるより、形式的な目標設定、支援契約が先行したのはどうしてなのか自分でもよくわからない。しかし、「面接中断を常に危惧しながら、S夫人との歯車がかみ合わない面接にいつも不充足感を持ち続けていたという思いは、S夫人のニーズを感じ取っていたからこそ起こったのでしょう」というYさんの指摘で、気持ちが幾分落ち着いてくるのを感じた。「S夫人から受けた感じを振り返ってみて、自分が感じたことを大切にするように」というコンサルタントの言葉を改めて重く噛みしめた。

■ コンサルテーションの位置づけ ■

先週六回目の面接の予定だったが、S夫人は風邪を理由に電話で面接をキャンセルしてきた。電話を受けた主任ソーシャルワーカーからの連絡で、早速S夫人に電話を入れた。三週間後なら来所できるとのことだった。電話を切った後、次回予約までに間が開きすぎて、S夫人はもう来所しないのではないかと心配になった。そこで、主任ソーシャルワーカーと話し合い、再度S夫人と電話で日程を調整することになった。七回目の面接予約を三日後に提案してS夫人の合意を得た。今回のコンサルテーションの直後にS夫人と会うことになっている。

主任ソーシャルワーカーは、「S夫人が来所しなくなるリスクを抱えた状況下で、コンサルテーションを提案しました。当クリニックとしても治療中断のリスクへの対応が早急に求められており、この面接過程でのコンサルテーションはリスクマネジメントとしても位置づけております」と言った。

S夫人が面接のキャンセルを度々するのは、私の取り組みに何か問題があるということで、このコンサルテーションは専門家としての業務点検でもあった。このような意味で、ケースの行き詰まりが打開できるかもしれないという期待をもって臨んだコンサルテーションだったが、いざ始まってみると私はYさんの問いかけに防衛的になり、時には対応のまずさや無知に気遣いながら自己を正当化しようと必死になっていた。

Yさんと同じ土俵にやっと立った感じが掴めた頃に、Yさんは一つの段階に区切りを付けるかのように「まずS夫人について的確なアセスメントをすることが大切ですね」と言った。

3　アセスメントの点検

■アセスメントのための取り組み■

まず「不登校」についてすでに調べたものを以下に記す。

狭義の不登校には、登園・登校したいが、できないという神経症的な葛藤を背景にもつものがある。また一般には年少児ほど親子関係の問題や、家庭環境の影響が大きく、年長児になると友達関係や学校生活上の問題の影響が大きくなる傾向がある。不登校の初期には頭痛、腹痛、発熱などの身体症状を訴えることが多く、その身体症状は夕方になると改善する傾向がある。長期化すると家庭内暴力や引きこもりなどの問題が生じることもある。(4)

また、精神分析的視点に基づき、不安状況に対する子どもなりの自己防衛という視点から、不登校児への対応について以下のような記述がある。「生育歴や家庭環境、学校生活、交友関係などを総合的に評価する作業を通して、子どもが不登校によって何を回避しているのかを理解する必要がある。そして、本人に必要な保護と安心感を与え、家族の傷つきにも共感し、学校とも連絡をとりながらその子どもに適した対応策を考えていく」。

一方、家族療法的アプローチでは、不登校などの社会的な問題行動を示した人の原因を直線的に探るのではなく病理の所在を家族というシステムに求める。この問題については、過去から現在に至る家族を総合的に評価して、(5)不登校児を治療するのではなく、家族全員を生活者として捉え、生きる取り組みを支援することになる。その意味では、ソーシャルワーカーにとって、家族療法的アプローチは有効な方法論だと考える。

この不登校についての学習から、S夫人の長女が、小学低学年で種々の身体症状を示した後、不登校となって半年を経ているので、長期化する前段階にあると言える。Yさんは、S夫人のアセスメントをするためにあなたはどのような取り組みをしたのか、またそれらからどのような見立てをしたのか、説明してほしいと言った。

私は、精神科治療を受ける当事者の家族支援を担当するにあたって、問題が出現するメカニズムを家族システムの脈絡のなかで理解する訓練を受けていた。そこで、「どの家族にもほぼ習慣的にジェノグラムや家族マップをとるようにしています。S夫人にも初回面接で家族や夫婦の原家族の家族構成を尋ねています。二回目面接でS夫人家族のジェノグラムを描き、三回目面接でこれをもとに家族マップを描きました」。

このように言った後、私はこれらの作業から何を得ていたのだろうと考え込んでしまい、言葉が続かなかった。私が返答に窮しているのを見てYさんは問い直した。「ジェノグラムをとる目的やその効果は何でしょう。家族マップはケースのアセスメントにどのような効果があるのですか。この主要機能をどれにしますか」。

「ジェノグラムは、包括的、システミックかつ臨床的に家族を評価するための資料を作るものです。拡大家族の構成メンバーの様子を図式化することで、複雑な家族関係を一目で把握できる効果があります。家族マップを用いることで、世代間や核家族でどういう関係が行き交っているか、どういう関係が問題に投影されているか、縦の関係のつながり、横の関係がどのように影響し絡みあっているかなどについて家族と話し合います。その家族は感情表出ができ、内在しているものを視覚化できるようになります」。

以上のように、私は口頭試問を受けているような面持ちで、自分の知識をもとに精一杯答えた。

■ アセスメントの道具――ジェノグラム、家族マップ、家族図 ■

Yさんは、アセスメントの道具について次のような説明をした。「どれもアセスメントするうえで有効なものです。しかし使いかたも、言い表しかたも理論や学派によってまちまちなので、自分の立場や考えかたを明確にしておいたほうがよいでしょう」。続けて、「家族についてのアセスメントは、家族理解のためにぜひしなければならないことです。家族情報を求め、整理するには、単純に家系図的に描かれる『ジェノグラム』(genograms)や、家族メンバーの人間関係の特徴(疎密、葛藤、遮断等)を盛り込んだ『家族マップ』(family map)より、家族構成の図式化と家族情報の記録を目的とする『家族図』(family diagram)を使用するとよいでしょう。家族の重要な出来事(誕生年・没年・死因、妊娠・死産・流産・中絶、結婚・再婚・別居・離婚・内縁、転居・転出・転入)を書き込んだ家族図は、家族ライフサイクルを客観的な事実として明確に把握し、その家族の独自性を浮かび上がらせる効果があります。家族の情動的な側面を表す家族マップは、作成者が関係を規定したものなので、通常のソーシャルワーク援助のアセスメントには適さない場合があります」。

アセスメントのために活用する道具

明確なアセスメントに基づき支援目標を設定する

コインマッピングからわかること

■ コンサルテーションで明確になったアセスメントの不明瞭さ ■

（主任ソーシャルワーカーのほうを見ながら）私は、スーパービジョンで的確なアセスメントをするようにと言われて、あれだけ情報を集めていたのに、Yさんの質問に答えられなかった。たとえば、S夫人が「長女には、母親の私でなくて、私の両親の保護を与えたかった」と言ったことなど、いくつか気になる言葉が記憶に残っていたのに、それをアセスメントに活用していなかった。「アセスメントが明確になっていないところで、支援目標は設定できない」とYさんから無言の圧力を受けているような気がした。

「家族アセスメントだけでなく、症状出現のメカニズムをはじめ、問題をめぐる多面的な状況をアセスメントしなければなりません。しかしこの人たちの問題はそれほど簡単なものではありません。支援すべきことが何かを明確にすることは難しい。一緒に考えてみましょう」とYさんは提案した。

「難しい問題です」とYさんから言われ、肩から力が抜けるのを感じた。そのうえ、今後の取り組みに向けたサポートの言葉をかけてもらい、コンサルテーションを受けていることを実感した瞬間だった。

■ コインマップの活用 ■

Yさんは、私がS夫人に作成してもらったコインマップに興味を示して次のように言った。「コインマップが提示されているが、これでわかったことを検証してみましょう。どういう内容だったのか少し説明を加えてくださ い」。

S夫人が作成した、不登校が起きる前と現状の二つのコインマップについて説明した（図表7－1参照）。不登校になる前のこの家族について、S夫人は自分の位置から見て一番高い所に夫のコイン（五百円）を置き、その下縦一列にS夫人自身（百円）、次女（十円）、長女（十円）を置いた。また、初回面接の時点での家族については同じ額のコインを用いて、S夫人自身を一番上に置き、その下に長女、次に次女と並べ、父親を長女の右横の中央右手に置いた。

■コインマップの解釈から状況把握へ■

Yさんは初回面接時のコインマップを見てひとり言のように語った。

「長女がそばに来たと感じたのはS夫人に

図表7－1　S夫人によるコインマップ

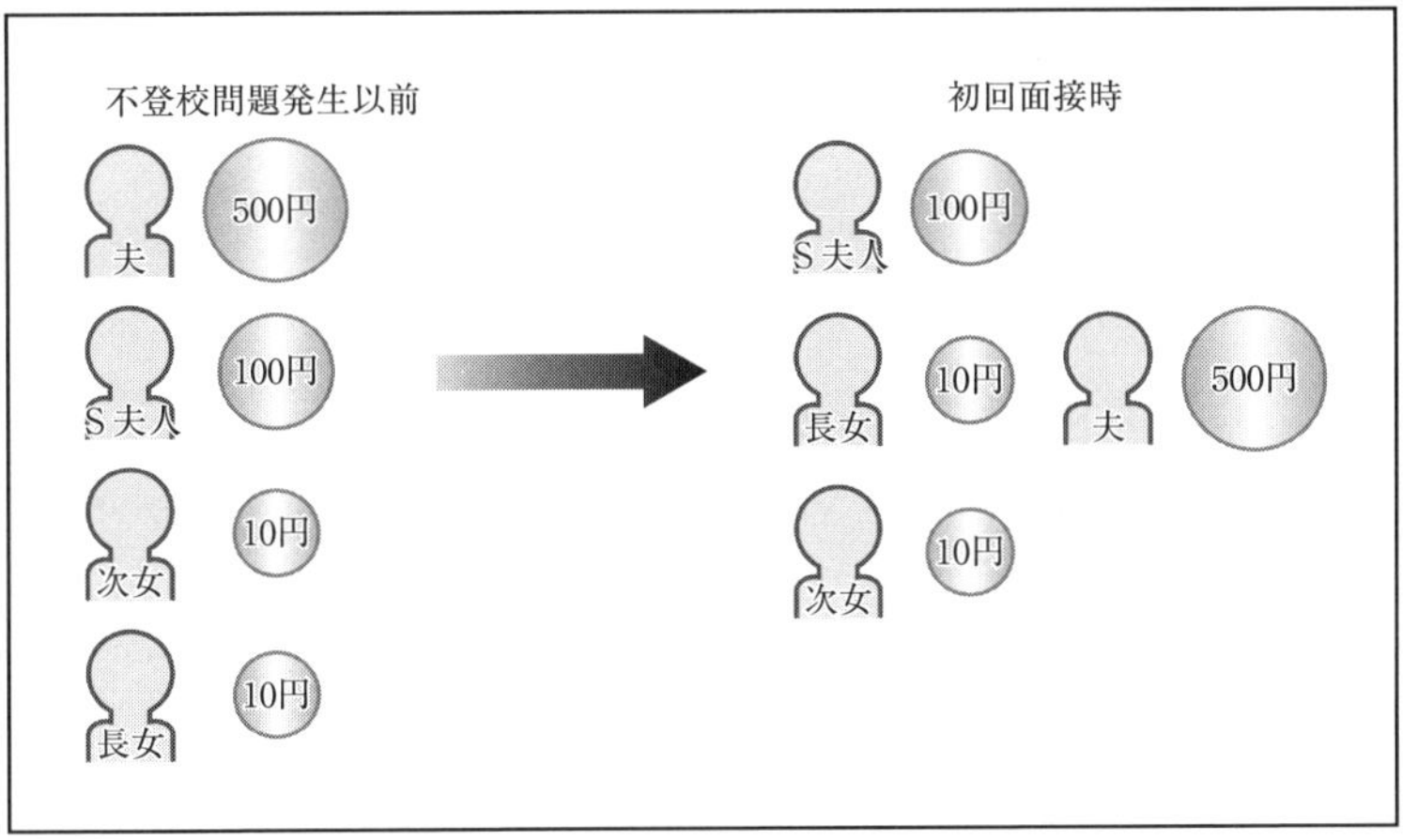

とってすごい脅威だったのかもしれません。S夫人は長女に対して自分が愛情を渡さなければいけないと思う関係に入っているようです。もはやS夫人は愛情をもらう側にはなれず、夫までもS夫人から愛情をもらう下のポジションに行ってしまったようですね。長女が不登校になったということは、S夫人にもっと強い関係を求めてきたように取れます。長女は以前からいろいろな身体症状を出していたが、求めるものが得られなくて、不登校という次の行動に出たのではないかと思われます。ここでは長女の動きより、むしろS夫人のことを考える必要があります。コインを置いたS夫人の意図を考えることが大切です。S夫人に他者を操作する傾向が強いとしたら、聞き手の反応に応じてコインのポジションが異なってくるでしょう。コインマップは、作成者のクライエントが聞き手のソーシャルワーカーのフィードバックを取り入れながら作成していくものですが、聞き手は頭のなかに意図を持っていなければなりません。ただコインを置いてもらっているだけでは、何にもなりません。無駄なことをしたことになってしまいます。これらは、アセスメントのためにも活用できる道具で、面接構造に組みこめるものなのです」。

情報収集のためではなく支援の一環として道具を使用すること

■ 道具の意図的使用 ■

私は「コインマッピングをしてもらったことが無駄だったということですか」と思わず叫んだ。Yさんは少し強い口調で次のように説明した。

「情報も意図的に収集しなければ意図したものと全然違ってきます。何かの意図をもって『ちょっと置いてみてください』と言うのと、単に『コインを置いてください』という言葉とは意味が違います。情報を出す側が操作することも考えなければならない場合もあるので、入手した情報すらこちらの意図に沿わないものになってしまいます。寝るときの家族の布団の並べかたまで聞いているが、これは何を意図したものなのですか」。

私は、「S夫人のコインマッピングを見て気になり、家族関係についてもう少し情報を得たかったのです。家族の寝かたから自分が把握した家族の印象や関係がもっと明確になると考えました。やってみてコインマッピングと全然違うのでびっくりしました。長女が外れていて、いつも次女が両親に囲まれていることがわかったのです。このマッピングの方が私にとって家族の状況がよく理解できてわかりやすかったです」と述べた。

コンサルタントはどうわかりやすかったのかと重ねて尋ねた。私は、「コインマッピングから長女の不登校の出現の可能性がよくわかったように思います。コインマッピングを通して長女の問題を話題として出せたつもりでしたが、無駄なことをしていたのでしょうか」と再度確かめてみた。

コインマップについての前述のようなやり取りのあと、Yさんは以下の説明をした。

「コインマッピングはお金の額に合わせて人を価値づけたり、関係性を無意識的に示すものなので、援助の道具に使えます。たとえば情報が視覚化されると、それによってクライエントの前意識のものを意識化させる効果があります。しかし、情報を取るといった援助者側のみの目的でやるものではありません。つまり、支援の一助として活用するものであって、担当ソーシャルワーカーの解釈のための材料ではありません。しかし、ここではS夫人のコインマップは、ソーシャルワーカーとの丁寧なフィードバックで作成されているので、支援のためのアセスメントとしてはとても有効なものです」。

■ 精神医学診断を基にしたアセスメント ■

Yさんは自分の考えだと前置きして以下のように言った。

初期アセスメントに不可欠な精神医学的診断

「精神科では、生物学的、精神力動学的、認知的、行動的、対人関係的、家族システム的などの異なった立場の臨床家が使っているものにDSM-Ⅳがあります。これは、チーム治療の必要性から作成された精神疾患の診断統計マニュアルであり、ソーシャルワーカーのアセスメントにも役立つのでぜひ勉強してほしいと思います」。続けて、「ソーシャルワーク援助にとって、特に初期のアセスメントは精神医学的診断が基盤になっていなければなりません」と話した。

「クライエントの精神的、身体的健康のチェックを基にしなければ的確なアセスメントはできません。どのケースでもそうなのですが、対人援助の仕事をしていくうえで精神医学的な診断は特に欠かせない要素です。問題の種類は同じでも、ケースによって抱える問題の性質は異なってきます。子どもについての親の不安や、子どもの不登校に対する取り組みを支援することがソーシャルワーカーの役割です。だからこそ不登校がどのような状況で出現しているのかを明確にすること。誰がどのような疾病にかかっているか、あるいは家族成員の誰が精神医学的な問題を有しているのか、またそれが家族システムにどのような影響を与えているかということをアセスメントすることは重要なチェックポイントです。この意味で、S夫人の家族についても精神医学的診断について確認しましたか」。

私は同席していた主任ソーシャルワーカーと一緒に診断について振り返り、「S夫人には特に治療を必要とするような疾病はない。それほど病理性の高い状態ではないと思うが、長女には問題がある。不登校は、もっと以前から続いている自家中毒、頭痛、腹痛、歩行困難など身体表現性障害（転換性のヒステリー）の延長線上にあるのではないか」と医師が説明していたことをYさんに伝えた。その後Yさんと一問一答的なやり取りに入った。

状況に応じる面接の組み立て――他の援助方法論の適宜な活用

「あなたは家族療法の正統派のアプローチで面接を始めていました。状況に応じて面接の組み立ては違ってくるはずですが、S夫人特有の状況であるヒステリーのメカニズムをどのくらい把握して初回面接に入ったのでしょうか」と、Yさんは問いかけた。

私は、「長女がヒステリーとの情報は得ていたが、S夫人には特に問題を感じなかったので意図的に対応しなかったのです」と答えた。

Yさんは、「子どもがヒステリーの場合、親はどうなのでしょうか。ヒステリーの診断を聞いた時、対人援助の専門家であればヒステリーのメカニズムを考えておかねばなりません。非常に重要な場面が展開しているにもかかわらず、ただ受動的に状況に巻き込まれている印象があります」と指摘した。

Yさんの口調は厳しかった。主任ソーシャルワーカーが私に代わって状況を説明した。「S夫人の面接を通して長女の様子を把握し、クリニックとしては時期を見て長女を治療の対象とする必要があるかどうかを明確にするという方針でした。長女を治療の対象とする必要があれば、地元の治療機関に紹介することも考えていました。そういう意味で、長

ヒステリーへのアセスメント——見通しを持った意図的介入

女を連れてきた時、たまたまいた心理士に、待合室に一人でいる長女の遊び相手をしてほしい、そして担当ソーシャルワーカーに子どもの様子を報告するようにと指示しました」。

Yさんはこの説明をとりあげず、「ヒステリーの重要な特徴は何か」と、尋ねた。

私は、「その人が自分の意思を身体症状で表示することですか」と言った。

Yさんは、「ヒステリーの重要な特徴は、莫大なエネルギーがあること。身体症状もエネルギーの一つと考えられますが、ここではすごいエネルギー量が働いています。これはどういうエネルギーだと思いますか」と尋ねた。

私は、「愛情を求めることですか」と言った。

Yさんはうなずき、やっと了解に達したというような表情をした。「このようなケースは、愛情を求めるエネルギー量とそれが行き交う関係について、しっかりアセスメントして、ある程度見通しをもった戦略的な介入をしなければなりません」と強く言った。

協働作業に向けてソーシャルワーカーのアセスメントと支援方針を治療チームに示すこと

■ 担当ソーシャルワーカーのアセスメントを治療チームに提示する ■

このやり取りの後、Yさんは、「治療チームの専門職は、独自の視点でアセスメントし、治療に貢献する立場にあります。ソーシャルワーカーのアセスメントも治療チームに提示する必要があるのです」と、ソーシャルワーカーの専門性に裏付けられたアセスメントのしかたについて以下のように語った。

「家族図、コインマッピング、ジェノグラムなどを活用して家族療法的視点からアセスメントをします。しかし、あくまでも治療チームが出す診断や所見がベースになっていなければ、このアプローチは有効に働かないだけでなく、治療構造全体を壊してしまうことにもなります。ヒステリーの要素が家族のなかで作用している場合、人に対する操作の力が強いので、予測して介入しなければ治療構造全体がコントロールされる可能性もあります。ソーシャルワーカーもクライエントシステムのパワーに挑戦していかなければなりません。ヒステリーのエネルギーが働く場では、一方的に受容していたのでは何の介入もできなくなります。担当の依頼を受けた時、ソーシャルワーカーはしっかりと医師の診断を確認し、協働作業の意識をもって自分の役割をも確認するように心がけなければならないのです。

ソーシャルワーカーは、自分が立てたアセスメントに基づいて具体的な協力依頼を提示します。たとえば、診断についての説明を聞いた後、『わかりました。家族療法的アプローチで面接しましょう。ただし、本ケースはヒステリーのメカニズムが働いているとのことなので、多少意図的なアプローチが必要になるかもしれません。S夫人との面接過程で長女が反応してくることも予測されます。現段階ではS夫人との個別面接から支援を開始しますが、長女の扱いについてどなたかフォローしていただけると助かります』と」。

■ DSM-Ⅳについての学習 ■

私はYさんが言及したDSM-Ⅳの活用の必要性を強く認識した。ソーシャルワーカーのアセスメント領域でも、このような分類で情報を収集し、他の専門領域と協働し、診断にあたる役割が求められていることを痛感した。以下が、『DSM-Ⅳ　精神疾患の診断・

統計マニュアル』の概要について調べたものである。[6]

ＤＳＭ-Ⅳは、「Diagnostic and Statistical Manual of Mental Disorders Four Edition」の略である。多軸システムを使用し、精神疾患や一般身体疾患、心理社会的および環境的問題、現存する問題の機能水準などについて総合的かつ系統的な評価を行う。多軸システムは、臨床的、教育的、研究状況において、生物・心理・社会的モデルを適用することを促進しているが、臨床情報を組織化し伝達すること、臨床状況の複雑さを整理し、診断の均一化や共有に貢献すると言われている。

第一軸　臨床疾患――医学的関与の対象となることのある他の状態
第二軸　人格障害――精神遅滞
第三軸　一般身体疾患
第四軸　心理社会的及び環境的問題
第五軸　機能の全体的評定

（注）第四軸に関しては、①一次的支援グループに関する問題、②社会的環境に関連した問題、③教育上の問題、④職業上の問題、⑤住居上の問題、⑥経済的問題、⑦保健機関利用上の問題、⑧法律関係および犯罪に関連した問題、⑨その他の心理社会的環境的問題についてチェックすることが求められている。

■ヒステリーについての学習■

また、コンサルテーションの際にとりあげられたヒステリーについても、改めて調べてみた。

ヒステリーは長い歴史をもった神経症の病型である。本来「子宮」(hysteria)を意味するギリシャ語から生まれたが、一八七〇年代、シャルコーの催眠術を用いた治療によってヒステリーの心因性が明らかになり、やがてフロイトによってヒステリーの概念は転換型と解離型の二つの病型として明確に分類された。ヒステリーの転換型は知覚・感覚系および運動系に知覚の麻痺や痙攣など、身体症状が多様に変遷するケースと、心因性の失声症、あるいは発声困難症のように、特定の単一症状に固定しその症状だけをあらわすケースがある。解離型は、朦朧状態や遁走、健忘などを主とする。

しかし、DSM-Ⅳでは、ヒステリーの用語は使われていない。転換性障害は身体表現性障害の一つに含められ、解離性健忘、解離性遁走は解離性障害に含まれている。DSM-Ⅳでは随意運動機能、または感覚機能に症状が生じるか、あるいは欠陥が起こり、その障害に先立って心的な葛藤やストレス因が見出され、心理的要因が関連していると判断され、しかも虚偽性障害または詐病とは区別され、本人にとってそれは無意識に起こった症状であると定義されている。

医師が心因性疾患であるという明確な診断を把握し、その点を患者に明確に説明しなければ、患者はいつまでも身体病だと思い込み、そのため二次的な、ある種の医原性の神経症状をつくり上げ、患者もその疾病利得に逃げ込んで、症状が慢性化し、固定することがある。治療としては、第一に抗不安薬などによる精神の安定を図ると同時に、第二に、よき安定した信頼関係を治療者との間でもつこと。第三にしばしば外傷性の体験が契機になっていることもあるし、また、過去にそのような歴史をもっていることがあるので、慎重な対応が必要になる場合がある。第四に、これらのことを配慮した上で、伝統的な力動的精神分析的な心理療法を行うことが適したケースが多い[7]。

4 今後の支援計画について

具体的方針に向けたコンサルテーション

コンサルテーションは一時間を超えた。コンサルテーション開始時の自己防衛的な段階を経てようやく、コンサルテーションの本来の目的であるクライエント理解にむけて、Yさんと真の意味での協働体制を組んでいるような実感を得た。

コンサルテーションは、最終的課題である今後の支援方針を明確にすることに向かった。面接を継続する方針について提案が出された。次回の面接をどのように設定するか、どのように取り組むかといった具体的な提案であった。ケース記録とこれまで作成した資料を基に、長女の症状形成に関与していると思われるいくつかの点について、主任ソーシャルワーカーとともに確認し、取り組み課題の整理に入った。

■ ニーズの明確化 ■

Yさんは、次のように述べた。

クライエントのニーズ——クライエントの無力感

「これまでの資料からS夫人は自分の原家族とかなり密着した関係にあることが明らかです。次女が病弱で大変だったが頑張ってきたことを実母に認めてもらえていない可能性がみられます。Sさん自身が充足感をもっていないと、長女を充足させることができません。こうした彼女の自信のなさは、フラストレーションとなって症状形成を誘発することになるでしょう。この家族では、長女の不登校とS夫人の情緒不安といった二つの問題が形成されていると言えます。治療構造に対して、S夫人には『自分のやり方ではだめなので、長女が学校に行くように説得してほしい』という素朴な願望があったようです。まずS夫人の無力感を手当てすることが求められるでしょう。援助者の力で長女が登校するようになるというより、S夫人の取り組みの結果として長女の成長が見えてくることが望ましいのです」。

クライエントのニーズ充足への意図的アプローチ——継続面接の必要性の確認

■ 取り組み課題の明確化 ■

面接の継続の必要性についてYさんは以下のように説明した。

「ソーシャルワーカーがこのようなニーズに気づけば、『お母さんの扱い方に関係なく、お子さんは腹を立てるときもあれば、悲しむときもありますよね』と母親の気持ちを受け止めることができるでしょう。この受け止めによって、S夫人が、彼女自身と彼女が非常に困惑している長女の不登校問題との間に少しずつ距離を持てるようになると思われます。

このS夫人の取り組みにはソーシャルワーカーの支えが必要です。S夫人は自分がもらえなかったものを欲していることを意識しているが、それを言語化できないメカニズムをもっています。ほしいものを提供する意図的なアプローチが妥当です。S夫人はエネルギー供給者としての立場にいて疲れているのでしょう。このようなクライエントは、自分の立場をよくわかっ

クライエントと共有する取り組み方針

クライエントによる巻き込みに意図的に応ずること

てくれたと感じ、実際に支えられる体験をすることが大切なのです。この点からもこのケースは面接を継続する必要があります」。

次に、Yさんはこれらのアセスメントをクライエントと共有していくための具体的な取り組み方を示した。

「不登校との取り組み行動には、どれだけのエネルギーがいるでしょうか。お母さんもお父さんもすでに時間を費やしてきました。今すぐに長女に不登校を止めるように促すことはできません。『すぐに学校に行かせる方法を考えるより、彼女の不登校の意味を重く受け止めましょう。よくここに相談に見えましたね。よい時にいらしたと思います。まだよくわかりませんが、娘さんは不登校という行動を通していろいろなことを語っているような気がします。まずそれを一緒に考えましょう』とソーシャルワーカーがアセスメントを示し、ともに考えるという関係で今後の具体的なプランを提示していくとよいのではないでしょうか」。

■ クライエントによる巻き込み ■

今後の面接の注意事項としてYさんが真っ先にあげたことは、S夫人による巻き込みへの対応だった。

「S夫人の巻き込みは予想できます。初回面接から、この要素を考慮して面接計画を立てる必要があったでしょう。この家族には自分の力で対処できない時、無意識にすごいエネルギーで他者を巻き込み、他者に取り組みをさせようとする操作のメカニズムがあります。まず、長女の不登校で悩むS夫人を支えるということを面接の目標にしていたが、こうしたメカニズムが働いている場合、支えるといっても意図的に支えなければならない。ソーシャルワーカーは無防備にS夫人の巻き込みにあっているように見えます」と、Yさんは私が全く予測していないことを指摘した。

そこで、私は巻き込まれてはいなかったつもりだと言った。私は多少むきになって反応していた。巻き込まれというのは、対人援助の専門家にはあってはならないことだと思っていた。バイスティックが「ケースワークの七原則」で言っているように、ソーシャルワーカーが自己の感情を制御しなければならないということは基本的常識だと考えていたので、このような指摘を受けたことは専門性を否定されたようでショックだった。Yさんはこうした私の感傷に目もくれることなく説明を加えた。

意図的に巻き込まれること

■ 巻き込みへの対応 ■

「たとえば、『長女が不登校になっているのは自分のせいだ』というS夫人の罪悪感を軽減させようとする目標設定はアセスメントの甘さから出ています。操作性の強いクライエントであるという人格面のアセスメントがあれば、「悪いのは私だ」というS夫人の訴えを意図的にしっかり受け止めなければなりません」と、Yさんは諭すように言った。

私は罪悪感を持った人を受け止めることは、それを否定してあげることだと思っていたので咄嗟に尋ねた。「自分がこれまで考えてきたこととはちょっと違うような気がします。もう少し詳しく説明してください」。

「S夫人は『私が悪うございました』と言ってソーシャルワーカーを操作しているのだから、これに乗る必要があります。ソーシャルワーカーがS夫人のニーズを敏感に察知して、このダイナミックな操作のメカニズムに、意識していなかったけれども結果的には巻き込まれたことになるので、この時点では、この巻き込まれはよかったと言えます」。

私は、Yさんの説明にびっくりして、再び尋ねた。「私は、敏感だから巻きこまれていたのですか」。

Yさんは、「そう、共感能力があれば相手のメカニズムに巻き込まれることはできます。重要なことは、意図して巻き込まれたのかということです。意識せずに巻き込まれていたのでは専門家になれません。意図して巻き込まれることが必要なのです」と言った。

私は、「もっと具体的に説明していただけますか。どう対応すればよかったのでしょうか」と聞いた。ここで、S夫人との面接について考えると、もうすでに五回の面接を終えている。六回目の面接をS夫人がキャンセルしたので、その意味では、私は初回面接から意識せずしてずっとS夫人に巻き込まれていたのかと、考え込んでしまった。

意図的に巻き込まれることの意味

■　共感——意図的巻き込まれ　■

まだ腑に落ちない気持ちで、さらに説明を求めた。Yさんは以下のように付け加えた。

「『大変でしたね』とソーシャルワーカーが感情移入して応答していたときはまだよかったのですよ。四回目の面接までは、ソーシャルワーカーはS夫人の話に乗り、S夫人はソーシャルワーカーの存在を身近に感じることができていたと思われます。ところが、このことをあなたは意識していなかったのですね。そして、五回目の面接で、あなたはなぜか急に冷静になり、態度を変えた。S夫人はそれを感じていた。ソーシャルワーカーは「巻き込まれ」を意識していなかったがために、『巻き込まれ』から離脱したことも意識しなかったのではないですか。この状況下では、意図的にもっともっと巻き込まれなければかかわりを維持することができないと考えます。S夫人の世界（語り）にそのまま乗っていく。罪悪感を繰り返し訴えるのなら、それを軽減する働きかけをするよりも、罪悪感を聞き流さず、具体的に聞く。娘に対する行動を具体的に聞くことで、S夫人の言う罪悪感をある意味で強化することができるでしょう」。

私は不思議な感じがして尋ねた。「巻きこまれていてよかったのですね」。

自由自在に巻き込まれること

Yさんは、「そう、S夫人がソーシャルワーカーを巻き込むことを望んでいるのだから。巻き込まれとは、ソーシャルワーカーが一方的に制御できるようななまやさしいものではないのです。要は、巻き込まれている状況をどのくらい意識しているかということです。意図して巻き込まれなければ援助者とはいえません。意識せず巻き込まれるようでは専門家とはいえません。意図して巻き込まれることで、はじめて自由自在に出たり入ったりできるのです。これが共感というものです。共感は同情とはまったく違うと思ってほしい」と熱意を込めていった。

「意図的な巻き込まれとは、具体的にどう対応することなのかわからないのですが」と、私が困惑しながら尋ねると、Yさんは、次のような説明をした。

巻き込まれることの訓練——罪悪感を理解する

「S夫人の罪悪感の訴えに、『お母さん、大変だったわね』といった感じで意図して巻き込まれていきます。面接では、S夫人の路線にそのまま乗ってもっともっと巻き込まれていきます。罪悪感を取ることを目標にしようとしないで逆に理解しようとするのです。S夫人の長女への行動を具体的に聞くことで、S夫人の長女に対する取り組みの内容が見えてくるのです」。

Yさんは、この辺りの感覚を掴むために私とロールプレイをしてみようと提案した。

■ ロールプレイ ■

以下、S夫人役を担当ソーシャルワーカーの私が、担当ソーシャルワーカー役をYさんが務めた。

S夫人役：私、病院に行くときにいつも次女を連れて行くので、小さいときは長女の子守を主人のお母さんに頼んでいました。主人の母はあまり子どもなんか見られる人ではないんですが、下の子が大事なので頼んで長女を置いていったのです。三歳のときから今日までかわいそうなことをしました。出かける時、長女が寂しそうな顔をしていたのですが、そのうちあきらめたような顔をしていました。

担当ソーシャルワーカー役：悪かったと思うんですね。

S夫人役：悪いことをしたのじゃないかなと思うんですが……。今から思うとですけど。

担当ソーシャルワーカー役：詫びたい気持ちですか。

S夫人役：えーでも、それは……。

Yさんは、「この感じです。ここでS夫人はすごく複雑な心境になるはずです」と言って、ロールプレイを止めた。私は、「言いたいことが別にあると感じました。S夫人なら意地悪をされているような気がするかも……」と、率直な感想を述べた。Yさんは、この後もロールプレイを交え意図的な巻き込まれについての技術的な指導を続けた。

「担当ソーシャルワーカー側の意図としては、S夫人の語りに沿って、一緒に取り組もうといった協働の意識に結び付けるようにしていきます。そこに持っていくためには罪悪感をもっと出させることで、S夫人が何に具体的に困っているかを真剣に聞いていきます。S夫人が泣いたら傍観せず、きちんと支えなければなりません。本当に悪かったと言ったら、決して否定の同調はしないで、『そういう気持ちは今初めて話されたのですか』といったように、S夫人の語りの流れに乗って話を展開します」。

■ クライエントが構成する事実を尊重する ■

次にソーシャルワーカーのアセスメントに基づき、S夫人の構成する見立て「次女をかまい過ぎて長女をかまわなかったことが原因でこのようになってしまった」を尊重することの重要性をYさんは語った。

「『結局、お母さんが考えていたことは正しい』というところに焦点をあてます。つまり『自分が愛情を片方に注いで、片方にあげなかった』という考えは、正しい。でもS夫人がこれまでしてきた取り組みの価値を下げないようにしなければなりません。あなた（担当ソーシャルワーカー）は、母親を認めることによって支えること」。

クライエントをいかに認めるか

クライエントとパートナーシップを組むこと

肯定的意味づけの技法の無効性——クライエントの独自な取り組みを支援する

私は、「S夫人が自分のやったことがまちがいだったと言っているのに、それを認めるということはどのようにすることですか」と尋ねた。

「具体的にS夫人がしてきたことを事実のみに着目して聞きます。よいとか悪いとか評価を下すことなく、とにかく聞くのです。たとえば、S夫人が、『長女を祖母にあずけて行ったことは悪いことだったと思います』と言ったことに対して、『Sさんが長女をあずけたのは次女の症状を心配したからなのですね』と事実を跡付けるだけにとどめるように。『確かにおっしゃる通りかもしれませんね。そこをどのようにするかこれから一緒に対策を考えましょう』と言って会話を続けるとよいでしょう」。

Yさんは S 夫人とのパートナーシップ[8]の活用を提案した。Yさんの提案した面接方針に従うと、このS夫人への支援のしかたが大きく変わりそうな予感がしてきた。

■ 肯定的意味づけ ■

Yさんの技術指導はさらに続いた。

「あなたはこれまで肯定的意味づけの技法を使ってきました。肯定的意味付けは、認知を修正することの効果を狙ったものです。認知以前の欲動で動く操作性の強い人に肯定的意味づけは効きません。これをすればするほど巻き込まれて、操作がエスカレートします。言葉や感情だけでなく身体まで動員するエネルギーにはすごいものがあります。操作が意図されたものでないからこそ、認知の修正は困難と思ったほうがいいでしょう」。

子どもを面接に同席させる――母親回路を使って子どもに接近する

ここでYさんは、再度、精神医学的診断に基づくアセスメントの重要性とソーシャルワーカーの対人援助の技術的問題点を指摘した。

「病気を治療する、間違いを正すといった変化を生み出すことではなく、クライエントの本来の力を見いだし、クライエント独自の取り組みを支援することこそ、ソーシャルワーカーがめざすものです。S夫人の取り組みを点検することで見出したS夫人固有の状況や認知に基づき支援を展開することが必要です」。

この指摘は、ソーシャルワーク支援の本質について触れたもので、大切な視点だと思った。Yさんの脳裏には、終結までを見通した支援の全体像が広がっているようだった。

■ 子どもを同席させた面接 ■

次に、YさんはS夫人の操作力を活用する方法の一つとして、子どもを同席させる面接を提案して、具体案を示した。

「子どもがプレイできるところで、同席面接をして子どもも治療に巻き込んでみます。そこであなたは、S夫人の長女に対する操作を観察しなさい。関係のなかで展開される情動を体感することで、操作されている様子の観察だけでなく、操作される者の苦しみも理解できるはずです。あなたは、面接のなかでS夫人が長女に関心を向けるように仕向けなければなりません。たとえば、あなたは長女をパッと見て、『面接中、きちんとひとりで遊んでいますね。お母さんは、そういうお子さんに育てられたのですね』と率直な感想を伝えてみることもできます。

このようなやりとりによって、長女は特別な状況下ではなく、普通にしていることで母親から関心をもらう体験をするでしょう」。

そこで、私は「ということは、S夫人の回路を使って長女にアプローチする方法を取るということでしょうか」とYさんに確認した。

Yさんは、「母娘のいつものやりとりがあるでしょうが、あなたの介入によって母娘は新しい学習をするかもしれません。すぐには無理でも、何回かの面接を経て意識的にこうした介入方法を使えるときがきます」と、答えた。

私は、「長女は病気にならなくても、得られるものがあることを体験するんですね。この場合、次女は、同席しないほうがいいですか」と尋ねた。

Yさんは、「妹が一緒でもできると思います。これに関しては、子どもさんを交えてやっていきましょうと、ごく自然に面接室に子どもを導入したらよいでしょう」と、答えた。

私は、「そこまでは言えますけれど、その後で長女をどう面接に引き入れればいいでしょうか」と不安げに尋ねた。

Yさんは、「ひとりでも、二人でもそこで遊んでもらえばよいのです」と、答えた。

私は内心、母親と面接中に子どもを遊ばせて、子どもに声をかけてもいいのだろうか。私はお母さんとの話に夢中になって、子どもの様子を観察できるだろうか」と、自問自答した。

Yさんはあたかも私の問いに答えるかのように、続けて、「あなたは子どもと面接をする必要はないんですよ。母親の巻き込まれにあうと、あなたは自動的に反応してしまうでしょう。どこまでもあなたはS夫人に関心を向けることを意識してほしい。あなたは、S夫人を通して子どもを見るのです。子どもの行動に反応しそうになっても、子どもは見ないでS夫人を見なければいけません。S夫人の反応だけを見るんですよ」と言った。

私は、さらに「そういう感じでいいとすると、私はあくまでも子どもを、クライエントである母に同行した子どもとして扱うのでかまわないんですね」と、念を押した。

Yさんは、「そうです。これはあくまでS夫人が子どもを連れて来たときの対応です。決して子どもを連れてくるように要求するものではありません。S夫人が子どもを連れてきた場合、これを評価し、子どもと一緒の面接の価値を再確認したうえで、『お子さんをお連れになることは非常によいことです』としっかりと伝えるように」と言った。

このケースに対してコンサルテーションを受ける理由は、支援の行き詰まりということだった。私は、S夫人のみと面接を開始したが、S夫人はその後ほとんど毎回長女を同行して来所した。長女に対してクリニックとしてなんらかの対応をしてほしいというS夫人の思いを感じながらも、その思いを面接のなかで取り上げて話し合うことをしなかった。S夫人からキャンセルの電話があったとき、S夫人の思いを取り上げるべきだったと真っ先に考えた。コンサルテーションでの母娘同席面接の示唆によって、S夫人の思いをしっかりと受け止める方法を知り、すぐにでもS夫人との面接をしたい気持ちになっていた。

キャンセルに対応する方法

■ キャンセルの対応 ■

今回のコンサルテーションの前に、S夫人との電話でかなり強引に七回目の面接予約を取り付けた経緯があるので、S夫人が来所しないのではないか、あるいは終結のつもりで来るのではないかと思ったことを、私はYさんに話した。

Yさんは、「S夫人は、長女と同じような反応を起こしています。ソーシャルワーカーの関心を引こうとしているのです。あるいは担当ソーシャルワーカーの関心という愛情を求めているのです。あなたは、熱意を込めて誠心誠意、来所してくれることをS夫人に懇願してみてはどうでしょう」と述べた。

私は、「そういうのは苦手です……」と困ったようにつぶやいた。

Yさんは、「中途半端な形で面接が中断するのは、ソーシャルワーカーの責任となります。またS夫人から面接のキャンセルの電話があったら、『これまで取り組んできたことを基に、クリニックの判断をお伝えしたいので、一度いらしてください』と言うように」と指示を受けた。

私は、「怖くなってきました。でも、S夫人の思いにそって私が面接に臨めば、S夫人が満足感を持つことも、それによりS夫人を支えることになることもわかりましたので、この方針で面接を実施することが適切だと思います」と答えた。

Yさんは、主任ソーシャルワーカーの合意を得て、「やりなさい」と励まし、「『お母さんの話を聞き、記録をとってお母さんの言われたことを何回も何回も考えました。本当の意味で理解できていたかどうかと苦しみました』と、率直にあなたの気持ちをS夫人に伝えるように」と言った。

私は、「この内容は決して嘘ではないので、演技をしないで言えるような気がします」と答えた。

Yさんは、「たとえば、『その結果、お母さんの言われることが正しいと感じてきました。それに従ってやってみたいと思うのでご協力お願いします』とS夫人に話せるとよい。このようにS夫人の支援が継続できれば、子どもにとってもよい影響があるだろう」と言った。

Yさんは、ケースが中途半端な状態で中断することを危惧して、以下のような取り組みを具体的に指示した。

「このまま中断することは、S夫人にとってソーシャルワーカーの支援が無駄だったという以上に、喪失体験、無力感の強化につながる危険性があります。これは、組織の責任で継続の働きかけをしたほうがよいかもしれません。もしS夫人が来所しなかったら、主任ソーシャルワーカーがS夫人に連絡して、『担当者から今までの経過報告を受けて、ぜひお話しなければならないことがありますので来所してください』と機関としての役割を持ち出すことも必要かもしれません。なんとか来所をお願いして、支援の終結の手当てをしなければならないのです。主任ソーシャルワーカーは、機関システムの役割を遂行しているということを忘れないように。中断のリスクがあるときは、「これまでの経過で、このような結果を手に入れ、機関としてはこのような取り組みを考えている」との判断をまず示すこと。そのうえで、面接の継続も中止

リスクマネジメントに対処するコンサルテーション

操作性の強い人に組織的対応を提示する

もS夫人の選択で決まるのだという手当てをして終結となれば、クライエントに対するリスクは少ないでしょう」。

■　リスクマネジメント　■

Yさんの提案は、まさにリスクマネジメントだった。これまでは数回キャンセルが続き、中断のリスクを感じても、クライエントの自己決定だと判断して機関サイドから支援継続を働きかけることはなかった。このようなところにもソーシャルワーカーの独自の視点を働かさなければならないことに気づいた。

私は、「明日、S夫人が来るか、来ないかによって対応を変えるんですね。できれば私自身の手で支援の継続が図れるといいのですが」と、述べた。

Yさんは、「明日がキャンセルだった場合は、機関の判断にゆだね、あなたはケースを断念することになるかもしれません」と、静かに、しかしきびしい口調で答えた。

私は、「S夫人に私が会わないで、終結する可能性があるということですね。ちょっとつらいものがあります」と言った。

最後にYさんは、以下のように今回のコンサルテーションを締めくくった。

「どちらかというと、S夫人は担当ソーシャルワーカーを操作しようとしていたようです。操作性の強い人への対応として、担当者は個人で動いているのではなく、治療構造のなかで動いており、機関内の連絡がしっかりと取れていることをS夫人に知らせておくことはとても重要なことです。S夫人の操作で影響を受ける可能性があるときは、担当ソーシャルワーカー個人の対応でなく、機関ルートで対応したほうがよいのです。これがリスクマネジメント対応です。S夫人が次回来所した場合は、あなたはしっかりと今ここで話したことをS夫人に告げること。『ちょうどよいときにいらしてくださった。これから一緒にがんばりましょう。お母さんとこれからのことを一緒に考えていきたいと思います』と自分の気持ちを伝えるようにするとよいでしょう」。

二時間を越える、長いコンサルテーションが終わった。コンサルテーションは当初考えていたもの以上に重い体験だった。考えること、気づいたこと、教えられたことがたくさんあった。この体験を自分だけの学習に終わらせることなく、S夫人の支援に反映させたい気持ちでいっぱいになり、私は次回のS夫人の来所が待ち遠しいと思った。

コンサルテーションの読みの適切さを実感する

5 コンサルテーションの意義

■ 予測どおり進んだコンサルテーション直後の面接 ■

コンサルテーション直後、S夫人は予測どおり長女を同伴して、約束の時間に来所した。私は、コンサルテーションで決定した方針に沿い、S夫人に子どもとの同席面接をさりげなく提案して、S夫人の同意を得た。次女にかまけて長女を見られなかったと言っていたS夫人の読みは正しかったこと、また長女の不登校の重さを指摘し、私の思いをS夫人に伝えたとき、S夫人はかすかに涙を流した。

　同席面接ではS夫人の回路を通して長女に問いかけ、たとえば「ペットの世話をよくしたとお母さんから聞いたけど……」などの話題を取りあげ、長女が身体症状や不登校などの特別な行動をとらなくても、S夫人の関心を得られるように配慮した。また、ヒステリー仮説に基づき、これまでの受容的アプローチではなく、意図的にS夫人の操作に巻き込まれ、ヒステリーの膨大なエネルギーを受け止めることにした。S夫人が「次女のことばかり考えて長女に悪かった」と言ったときは、私は、「もっと具体的に説明してくださいますか」と、尋ねる努力をした。

　面接は、まるで社交的会話をしているような雰囲気で展開した。S夫人の話から、長女が二歳の誕生日を迎えた頃、胎内の第二子に身体疾患があることがわかった。母親回路で長女に話しかけると、長女は母親の顔を下からのぞき込むように見上げて、小声で母親に話しかけ、私は長女に何を言ったのかと尋ねた。いつしか私は長女に直接話しかけ、長女は私と初めて話したとは思えないほど、自由にのびのびと話しはじめた。

　長女の発言には、母親に自分のほうを向いてほしいという強い願いが込められていると感じた。S夫人との会話を通して、母親がどんなに長女のことを見つめており、評価していたかについて長女にわからせるように、私は試みた。

　面接を終えて次回の予約の日時についてS夫人の都合を尋ねると、S夫人はこれまでとは異なり、私をまっすぐ見据えて、はっきりした口調で応えた。次回来所することを確信して、日程を決めた。この時点で、私は先日受けたコンサルテーションの読みの適切さを実感した。

■ 羅針盤としてのコンサルテーション ■

五回の面接を実施した段階でコンサルテーションを受け、その後面接を継続して、全十二回の面接を実施し、S夫人の支援を終結した。コンサルテーション直後の面接ではS夫人と長女との合同面接を実施したが、それ以降S夫人は長女を同行しなかった。

八回目の面接で、私は、母娘の会話のなかで母娘の競争を観察し、S夫人が母親的立場で長女を見ていないことに注目した。「お母さんに命令されたくない」という長女の発言に対して「私もずいぶん我慢している」と答えるS夫人、「今日はあたしの悪口ばかり言っている」と指摘する長女に対して「悪口と思って聞くから実にならない」と応じるS夫人の間で、私は自分がS夫人と長女両者の母親のようなポジションにいるように感じた。これはコンサルテーションで、「ソーシャルワーカーは、母娘両方の母親になるように」という方針に沿うものでもあった。

また私は、コンサルテーションで決定した方針を守り、S夫人との回路を尊重することにも心掛けた。長女との直接的会話の際には、象徴やファンタジーを大切にして長女の話を聞き、長女の話に合わせながら、時にS夫人を話題に引き入れた。

九回目の面接には、S夫人だけが来所した。S夫人から前もって「長女は留守番させたい」との申し出があり、S夫人のみの面接となった。このときは、S夫人のそばに長女が座っている感覚で面接を続けた。面接の話題は、S夫人自身の娘時代の話に移行した。娘時代のS夫人とその母との関係に触れ、S夫人は、家業で多忙だった母から長女として期待され、母に心配をかけないよい子を演じていたこと、娘時代の将来の仕事の夢などを語り出した。

クライエントと共に面接の終結を準備する

■ 終結に向けて ■

十回目の面接は、これまでになくリラックスしたものだった。私は、山場は越えたと感じた。この時点で、もはやS夫人は心理的にも長女を同行しておらず、完全な個人面接となった。S夫人は落ち着いて話し、会話の流れのなかで私がS夫人に、「しっかり母親に物を言えるお子さんに（長女を）育てられましたね」と、感想を述べるとS夫人は涙をにじませてうなずいた。ここで私は、S夫人回路で問いかけることの重要性を実感した。

私は、前よりS夫人に共感できるのを感じた。私は、丁寧に終結に向けて準備をした。面接中断も終結も、S夫人の自己決定を重視すると同時に、S夫人に巻き込まれないように、私の責任を慎重に遂行することを十分に留意した。S夫人に「そろそろ面接を終えることを考えていますが、どう思われますか」と、尋ねた。S夫人は自分も面接の終了を少し考えはじめていたと語り、具体的にはあと二回で面接を終えること、あと二回でなにを話題とするかなどを両者で話し合った。

十一回目の面接で、私はS夫人の不安の表明に対して否定せずそのまま受け止め、「子どもへの不安あってこそ母として立つ瀬がある」と応じる方針で臨んだ。面接後に主任ソーシャルワーカーからは、面接室の外からも私とS夫人の息づかいがうまく合っているのが感じられたとの感想を受けた。

面接終了後、私はこれまでの面接をひとりでふりかえり、「S夫人と長女の自立のプロセス」というテーマを見いだし、これをS夫人に伝えて、S夫人のフィードバックを得たいと考えた。最終回の面接で、S夫人とともに、これまでの一連の面接をふりかえった。私は面接工程のまとめとして、「お母さんと娘さんの自立のプロセスですね」と述べ、続けて、「娘さんは時にお母さんに接近し、また時に距離を取り、心配をかけたりして、自立に向けて取り組んでこられたようですね。お母さんも娘さんと少しずつ距離を置き、お二人ともそれぞれが進む道を考え、自立へと歩みはじめておられるようですね」と話した。しばらくけげんそうに聞いていたS夫人は、私の言葉に深くうなずき、一語一語をかみしめて聞いているように見えた。私はやっと彼女とかみあう面接ができたという実感を覚えた。

ソーシャルワーカーを支援するコンサルテーション——四つの効果

■ コンサルテーションの効果 ■

① 面接が思うように進展せず、面接を続行するか否かを機関のリスクマネジメントの観点から検討するということでコンサルテーションを受けた。「専門性の向上」という目的のもとに「具体的支援方針の検討」をするのが、コンサルテーションの目標であった。この工程は、①自己防衛的態度を克服し、②クライエントに焦点を移し、アセスメントにエネルギーを集中し、③アセスメントの結果に基づき面接の計画を練るという、三期に分けられる。アセスメント内容と、それに基づく面接方針の適切さは、その後の面接

経過で証明された。S夫人との「かみあわない面接」というこれまで持っていた不充足感が、完全に消失した。コンサルテーションで得た様々な提案、教示・助言、サポートおよびロールプレイなどによって、私は予測をもって面接に臨み、ヒステリーの膨大なエネルギーを受け止め、意図的にS夫人の操作に巻き込まれることでS夫人の求めるサポートを提供することができるようになったと考える。

② コンサルテーションで検討された内容について、上司である主任ソーシャルワーカーの確認を受け、その方針に基づいた面接を実施することによって、私はS夫人としっかりと四つに組み、S夫人の課題を一緒に探索できたと考える。このことで私は、S夫人を支える実感を得ることができた。主任ソーシャルワーカーとともにコンサルテーションを受けたことで、担当ソーシャルワーカーとしてさらに大きな安心と自信を得た。S夫人もまた、私との面接によって安心と自信を得て、自己の課題に取り組めるようになったと考える。

③ ソーシャルワークの支援活動は、スーパービジョンとコンサルテーションとが車の両輪となってソーシャルワーカーをバックアップするという組織の保証体制があってはじめて成り立つものである。ソーシャルワーカーは、組織の一員として運営方針の枠のなかで仕事をし、クライエントに対しては一人の専門家として支援活動をする。つまり、あたかも、M・ボーエンのいうような一体性と個体性(9)との間での揺れ動きを体験している。このようなとき、上司とともに組織外のコンサルテーションを受けることで、ソーシャルワーカーは自らの個体性と一体性のバランスをうまくとることができ、上司との

「自律的な協働」のプロセスを歩むことが可能になる。つまり、スタッフとして自分の関与したことに責任を取り、自分の納得できないことは上司やクライエントを説得する努力をする。説得できずに従ったときは、自分が選択した結果であると捉え、その責任を取る。人にさせられたという感覚でなく、自分で取り組んだとする「主体的な取り組み」を実践するように自らを律する。ソーシャルワーカーはこのように組織とクライエントの間で、うまくバランスを取りながら、専門家として支援活動をすることが求められる。ソーシャルワーカーの自立性と自律性の維持強化は、コンサルテーションを通して可能になると確信する。これが専門家の真のエンパワメントにつながると考える。

④　ボーエンらは、「人には他の人と情動的なかかわりを求めて群れようとする一体性の生命力と、他者とは基本的に異なり自律性を保とうとする個体性の生命力がある」として、「人や関係システムのなかで人の個体性と一体性が処理されるプロセスを自己分化」と呼んだ。分化が低いと個体性は充分に発達せず、一体性の欲求が強くなる。一体性は、他人の命令に応じるように自分を方向づける力であり、相手を従わせようとして信号を出す。自分のする通りに行動し、考え感じるように相手をしむけるとともに相手のする通り、行動し、考え感じ行動するように自らをしむける。他方、個体性は、自分の命令に自分を従わせ自立させる力であり、自ら感じ考え行動するように動機づける。自律的であるということは一体性と個体性のバランスがうまくとれていることであると言える。

注

（1）福祉士養成講座編集委員会編『新版社会福祉士養成講座八　社会福祉援助技術論Ⅰ』中央法規出版、二〇〇三年、二五七〜二六三頁。
（2）福山和女・対馬節子『講師養成講座——養成法の理論と実際』静岡県社会福祉人材センター、一九九九年。
（3）福山和女「コンサルテーションの意義と方法」久保紘章・佐藤豊道・川廷素之編『社会福祉援助技術論（上）』川島書店、二〇〇四年、二〇八〜二一三頁。
（4）小此木啓吾、深津千賀子、大野裕編『心の臨床家のための必携精神医学ハンドブック』創元社、二〇〇三年、三〇一〜三〇二、三三七頁。
　斉藤環「家庭内暴力・ひきこもりの家族支援」下坂幸三編『心理臨床としての家族援助』金剛出版、二〇〇一年。

　斉藤環「不登校とひきこもり」河合洋・山登敬之編『子どもの精神障害』日本評論社、二〇〇二年、一一七〜一三〇頁。
（5）マイケル・E・カー、マレー・ボーエン／藤縄 昭・福山和女監訳／福山和女・対馬節子・萬歳芙美子・荻野ひろみ訳『家族評価——ボーエンによる家族探究の旅』金剛出版、二〇〇一年。
（6）The American Psychiatric Association 編／高橋三郎ほか訳『DSM-Ⅳ精神疾患の診断・統計マニュアル』医学書院、一九九六年。
（7）小此木啓吾、深津千賀子、大野裕編『心の臨床家のための必携精神医学ハンドブック』創元社、二〇〇三年、一六七〜一六九頁。
（8）筆者らは次の文献でパートナーシップを「生活主体者としてのクライエントが、自己の主体的な意思と判断によって取り組み方法を選択し、問題解決過程にクライエント自らが、参加すること」と定義した。
対馬節子・福山和女「クライエントとのパートナーシップ形成の試み」『静岡県立大学短期大

学部紀要』第12巻、静岡県立大学短期大学部、一九九九年、六五頁。
（9） マイケル・E・カー、マレー・ボーエン、前掲書。

理論編

実践編では、スーパービジョンとコンサルテーションの実際を、時間的プロセスに沿って詳細に記述した。そのプロセスのなかで展開される対話から、スーパービジョンやコンサルテーションが、多くの視点や考えを包含した、とても貴重な体験であることを実感できた。第7章で、スーパービジョンやコンサルテーションを組織的に保証してはじめてソーシャルワーカーを守ることが可能になると記したとおり、スーパービジョンやコンサルテーションを受けて得られるものは単なる知識や技術だけではないことが実践的に明らかになった。その意味ではスーパービジョンやコンサルテーションの意義・必要性を明確にできたと考える。

理論編では、スーパービジョンやコンサルテーションが具体的にどのような場面で、どのような方法でソーシャルワーカーのバックアップ体制として機能しているのかを、理論的に概説したい。スーパービジョンとコンサルテーションのうち、まず、スーパービジョンについて概念枠組みを細目に分けて検討し、開発された幾つかのツールについて触れる。その後、日本には二層のスーパービジョン体制が存在しており、この特性を十分に稼動させることにより、ソーシャルワーカーという専門職の養成が可能になることを述べ、スーパービジョンの補助機能を果たしうるコンサルテーションの有効活用について提案する。

第8章　スーパービジョンをとりまく状況

スーパービジョンについて検討するに当たり、まず、スーパービジョンに関する用語の規定を示す。

1　スーパービジョンの構成

スーパービジョンは基本的に、スーパービジョンを受ける人「スーパーバイジー」とスーパービジョンを提供する人「スーパーバイザー」とで構成される（図表8-1）。

スーパーバイジー

スーパーバイジーとは、職場内の業務の遂行上、上司・ベテランの助言や指導、サポートを得たいと考える職員である。具体的には、部下、新人、実習生、ボランティア、ベテランの職員などがスーパーバイジーの立場を取ることがある。

スーパーバイザー

スーパーバイザーは、組織の理念や方針に沿った業務の遂行を促進するために、

図表8-1　スーパービジョン・システム

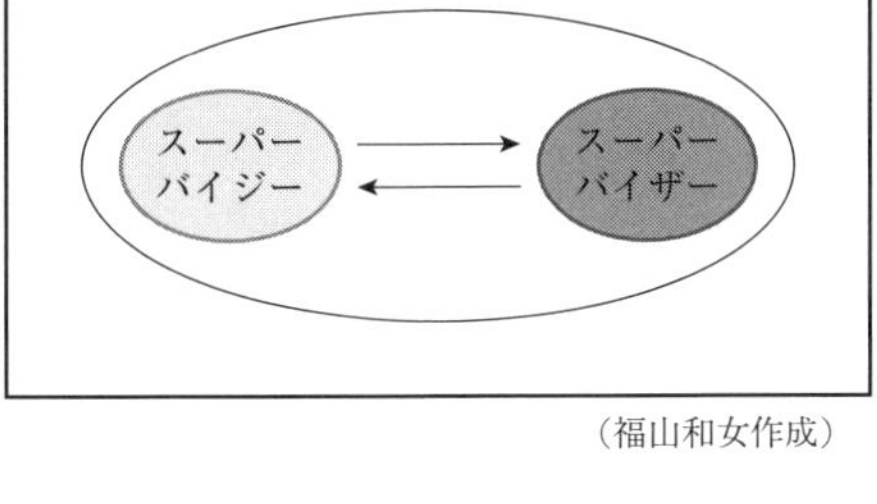

（福山和女作成）

スタッフの力を活用し育てる責任を引き受ける人である。具体的には、施設長、主任指導員、寮母長、実習指導者、ボランティア担当職員などが、スーパーバイザーの立場を取ることができる。これらの職員はさまざまな業務にたずさわっており、そのなかに他の職員を養成する業務が含まれる。

2 グローバルな潮流

このように、スーパービジョンの構成を規定したうえで、スーパービジョンの理論的整理に移りたい。ソーシャルワーカーは、組織のなかのスタッフの一員として運営方針の枠のなかで仕事をし、クライエントに対して一人の専門家として支援活動をする。この活動に社会の潮流が大きく影響を与える。現在、押し寄せてきているこの変化について概観する。

■ 行政システムの変化 ■

一九九七年以降、ソーシャルワーク専門職にとって非常に重要な三つの変化が起きている。その一つは介護保険制度に基づく在宅ケア体制の活用を促進させる制度である。このような地域基盤型のアプローチは一九八〇年代後半に欧米ですでに展開されていたものである。これは理念的には、すべての住民が長年住みなれた家での生活を維持するという基本的ニーズを満足させ、また、社会経済的な資産にも貢献するものである。もう一つの変化は、厚生労働省と地方自治体との協働の確立である。具体的な変化の一つに、保健と福祉の統合による地域連携室や総合相談窓口の創設があり、いろいろな職種の人が加わることで、チームユニットとしての協働が求められるようになった。三つ目の変化は、国レベルの政府から自治体への事業の移譲があり、サービス供給体制として財政的マネジメントに影響を与えた。

■ソーシャルワーク実践における質・量・機能の変化■

行政上の変化による影響を受けて、福祉分野におけるソーシャルワーク実践の量・質・機能が変化してきた。高齢者の分野では、介護保険制度でケアマネジメントという新しいアプローチがソーシャルワークに導入された。ソーシャルワーク実践として適切なケアを供給するために家族能力をアセスメントすることよりも、コーディネーターとしての役割を遂行することが主に求められるようになった。同時に、ソーシャルワーカーは、未経験な分野で役割を果たさざるをえず、対人援助の専門職としてのアイデンティティを失ってしまい、専門職としての価値を下げられたと感じている。大橋謙策(1)が指摘するように、ソーシャルワークの学部卒業や修士課程修了などの教育背景の有無とはまったく関係なく、実質的にはソーシャルワーカーとしての業務区分のもとに雇用されている彼らが、さらに人材の量や質を確保する機能を委ねられている。

このようななかでもソーシャルワーカーは、マネジメント、ソーシャルワーク、またスーパービジョンの実践において効果的実績をあげるべく、日夜模索し努力している。

■スーパービジョンをとりまく三つの課題■

このような背景のもと、スーパービジョンについては三つの課題がある。

① スーパーバイザーがソーシャルワークの教育背景をもつか否かでスーパービジョンタイプが異なるので、そのタイプ別にスーパービジョンの効用と限界を評価すること。

② 常勤雇用の資金不足により、非常勤のソーシャルワーカーが増加してきたため、雇用条件で規定できるスー

パービジョンの機能や役割、その責任範囲と質・量を調整すること。

③ ソーシャルワークの職域で仕事をしている人々に対する専門職の研修体制の構造、内容、質と量を検討すること。

3 スーパービジョンの実証的研究の必要性

日本では、スーパービジョンに関する実証的な調査が十分なされてきたとは言えない。特に、スーパービジョンの評価についての研究がほとんどなされていない。今日、保健・医療・福祉体制の根本的な改革に直面しているにもかかわらず、スーパービジョンだけが、個々人のソーシャルワークの専門的価値、知識、技術を磨く手段としてみなされているのが現状である。組織的スーパービジョン体制の効果性や効率性に関する認知は低く、特に、施設や機関の管理者はスーパービジョンの必要性を軽視している傾向がある。

ここでは、スーパービジョンを、以下の三つの目的から検討する。

■ 組織・機関の理念を遂行するために ■

社会福祉政策は法に基づいて社会福祉施設や相談機関に一定の役割を付与してきたが、近年ではこれにＮＰＯや企業も加わり、役割の多様化が生じている。社会福祉の基盤が福祉制度の措置から福祉サービスの契約・利用へと変化して、サービス提供主体である組織は、利用者の個別性を配慮したニーズの充足という課題を抱えることになった。

利用者のニーズによりマッチしたサービスを提供するには、組織内にスーパービジョン体制を構築し、組織方針を明確にして、常に利用者のニーズを敏感に把握する体制を整備することが、組織の活性化にもつながると考える。ソーシャルワーカーは自らの実践の意義を裏づけ、確認することによって、援助者としての役割・機能を認識し、援助・支援過程を推進する。一方、組織・機関は社会からの要請に応え、そこに所属するスタッフの専門性を養成する仕組みを構築することが求められている。

■ 組織・機関として専門性を伝承するために ■

保健・医療・福祉の専門職は、所属組織の理念や方針に適った十分なサービスを提供するための貴重な人材である。組織にとって、適切なサービスを提供するために、新人からベテランまでを含むスタッフがその実力を発揮できるように促すことが必要である。そのためには、組織内にスーパービジョン体制が整えられていることが条件となる。それは、専門職が自らの独自性を発揮し、専門家として援助・支援の内容や意図を確認し、これを援助・支援計画づくりに反映する過程を歩むことを支える。

■ 危機管理――リスクマネジメントとして ■

近年、対人援助の専門性の発展に伴い、リスクマネジメントへの配慮が強調されるようになった。予測性の有無により二種類の危険性があると考えられる。危機・リスクとは、ある程度予測が可能であり、保険が適用できるものである。これに対して、危機・クライシスは、突発的で、保険が適用できないものである。組織人として、職位を担った人として、専門家として二つの危機を念頭におき、リスクに対してはその危険度、緊急性、悪化の可能性を予測して、これに対して予防策を講じ、またクライシスに対しては万一の場合の対応策を立てておくことが求められる。組織運営の立場からは、「予想しなかったから……」という言い訳は通用しない。スーパーバイザーは管理的な立場からスーパービジョンを活用することにより、組織のリスクマネジメントに対する要請に応じることを期待されている。

注

（1）大橋謙策「社会福祉改革とマンパワー――マンパワーの質と量の確保を考える」『社会福祉学』第三三巻第一号、一九九二年、二一〇～四五頁。

第9章　日本におけるスーパービジョンの理論的枠組み

スーパービジョンの目的について検討したが、専門家の養成という単一的なスーパービジョンの目的・機能が、社会的変化から影響を受け、多様化、拡大化現象にあることが明らかになった。次に、日本のスーパービジョンの定義の変遷について概観する。

1　日本のスーパービジョンの定義

日本のスーパービジョンの定義を検討するのは、実践編で取りあげているスーパービジョン（一九七〇年代）とコンサルテーション（一九八〇年代）の実践が行われた時代について十分理解したいと考えたからである。一九七〇年代から八〇年代を中心に日本では、どんなスーパービジョンの定義を考えていたのかについて調べてみる。この時代の定義は多様であった。いくつかを以下に記す。

① D・デッソーは、スーパービジョンとは実践力という専門職としての能力を養成するための訓練であると述べている。ソーシャルワークのスーパーバイザーには、長年にわたる職歴と多様な専門職としての経験を積み、実践現場に積極的に関わりながら、非現実的にならないことが重要だと主張している。スーパーバイザーは教えることを好み、知識と学習理論を身に付けていることが重要な条件である。したがって、専門職のコンピテンシーに恵まれ、専門職になる過程を経て養成されると述べている。[1]

②　大塚達雄は次のように定義している。ケースワークのような対人援助の専門職は複雑で、社会的関係の脈絡のなかでは予測しがたい問題に直面し、それを解決することを期待される。そのために、ソーシャルワーカーは能力の限界や、能力と人格の相互作用にさらされるので、スーパーバイザーはソーシャルワーカーが限界を乗り越え、クライエントの問題解決に効果を出せるように、指導や助言を与えて支援する。[2]

③　福山和女は、スーパービジョンとは教育指導の過程であると定義している。スーパーバイザーはスーパーバイジーとの契約関係に基づいて、スーパーバイジーの学習ニーズを熱意とサポートで充足する。[3] 一九八五年にこの定義は、専門職の教育的援助過程であると修正された。

④　仲村優一は、スーパービジョンはスーパーバイジーの専門職としての成長と成熟を促す教育的援助の過程であるとしている。それは社会福祉分野の仕事の管理的枠組み内で、日常のソーシャルワーク活動を通じて行われる。スーパービジョンは対人援助の専門職にとって、自己統制の重要な方策であると指摘している。[4]

⑤　岡本民夫は、スーパービジョンの四側面を、①管理、②技術訓練、③自己覚知、④自己の発達に見ている。スーパービジョンの目的は、個々人の専門職としてスーパーバイジーのレベルを向上させることにあると強調している。[5]

⑥　黒川昭登はスーパービジョンを、支持的援助方法として定義し、ソーシャルワーカーやカウンセラーが業務遂行能力を向上させるための教育訓練の一方法であるとしている。[6]

上述の定義の特性は、過程と方法に二分できる。

①　方法としてのスーパービジョン

スーパービジョンを「方法」として捉えた場合、上司はスーパーバイザーとして単発で一方的に指示や助言を与えがちになり、部下に知的な理解を求めることになる。たとえば部下が相談を持ちかけてきたとき、すぐに指示したり、教えたり、褒めたりすることになる。この考えかたの利点は、短期間で同時に多数の人に対して専門的知識を提供できることである。難点は、体験としての学習が少ないため、体得が難しく、応用力に結びつかないことである。

② 過程としてのスーパービジョン

スーパービジョンを「過程」として捉えた場合、時間をかけて、部下の個別性に応じたスーパービジョンを効果的に実施することを考える。そこで、単発ではなく継続した助言・指導を計画し、スーパービジョンを提供する人と受ける人の相互作用の過程を経て効果を出すようにする。たとえば部下が相談を持ちかけてきたとき、その人に問いかけたり、考えさせたり、その人自身の考えをまとめさせるように働きかける。この考えかたの利点は、上司と部下の相互作用の過程を追いながらスーパービジョンを進めることである。難点は、スーパービジョンに時間がかかるので、スーパービジョンを受ける人数が限られることである。しかし、この過程についての定義が、主にソーシャルワーカーたちによって使われていた。

実践編でのスーパービジョンは、この方法と過程を混合したスーパービジョンの定義を適用しているといえる。すなわち、「ソーシャルワーク・スーパービジョンとは、管理、支持、教育という三機能を提供することにより実践家の社会化の過程を含む、専門職育成の過程である」と整理することができる。

2 スーパービジョンの概念枠組み

■ ソーシャルワーク業務の拘束性 ■

スーパービジョンは、専門職が組織内で援助・支援業務を実施するうえでのバックアップ体制であり、それは組織からの確認作業を通してなされるものと規定する。すなわち、大きな保健・医療・福祉システムのなかでソーシャルワーカーが業務を遂行するために、スーパービジョン・システムは大切なものである。

ソーシャルワーカーは、利用者本人が抱える生活上の困難と取り組むだけでなく、それを取り巻く家族の理解が得られなかったり、地域社会の人々から協力さえも拒まれたりすることがある。組織長は、組織・機関の運営方針の枠組の中で、業務をすることを勧め、同僚などもその組織的限界を踏まえたうえでの援助・支援にとどまっている。さらには制度・施策、専門性、社会資源などがその業務に厳しい枠をはめ込むことになり、援助・支援内容に影響を与える。しかし、これらのしがらみのなかで生活しているのが、クライエントであり、地域住民である。

だからこそ、ソーシャルワーカーは、これらのしがらみを十分に理に適った方法で活用し、人に与えるこのしがらみシステム全体の相互作用を意識化し、専門的な取り組みを提供し、人々の持つニーズを充足することが求められている。また専門職であるからこそ、個別支援のみならず、グループ活動、行事のプログラム、ボランティア養成の計画作り等をめぐるさまざまな業務を遂行することが求められている。

スーパービジョンとは、「専門職の業務全般の遂行をバックアップするための職場の確認作業体制である」と言える。

このようにスーパービジョンを規定したことにより、スーパービジョンの用語の意味合いを以下のように整理することができる。職場にスーパービジョン体制があるということは、スーパービジョンの基本的構造（スーパービジョン・システム――図表9-1）があり、専門家を養成する人すなわち確認作業を行う立場の「スーパーバイザー」と、専門家として養成される人すなわち業務の確認を受ける立場の「スーパーバイジー」が存在するということで

図表9-1　スーパービジョン・システム

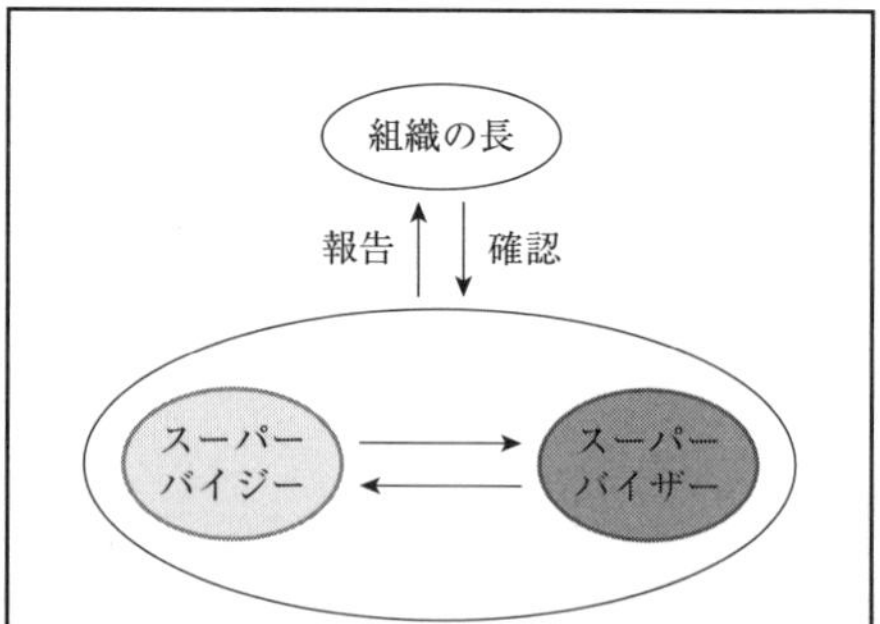

（福山和女作成）

ある。スーパーバイザーは、組織の理念や方針に沿った業務の遂行を促進するために、スタッフの力を活用し育てる組織の責任を一部引き受けて、職員が行う援助・支援活動を確認する。職員の業務を事前に確認しているので、リスクや緊急時に、その職員を支え、対処できるのである。一方、スーパーバイジーとは、業務の遂行上、上司の助言や指導、サポートを得て、さまざまな業務に携わるが、その業務を通じて自己の専門性を活用する。職場で、業務を遂行する際に上司から確認を受けておくことで、予測事態への対応策についても伝えることができ、状況に即した業務をより的確に行うことが可能となる。

■ スーパービジョンの内容 ■

職員の業務行動について、確認作業を行うスーパービジョンにおいて、どのような確認、配慮が必要であろうか。また、確認内容は、利用者個人に関わる課題なのか、組織全体の課題なのかを確認する必要がある。

専門的業務行動を促進するためのスーパービジョン

ソーシャルワーカーは日常の業務行動に関して確認作業を受ける場合がある。ソーシャルワーカーは以下の七つの業務行動（FKスケール――図表9-2）を行っていると考えられる（FKスケールは、保健・医療・福祉専門職の業務行動を数量化し、専門職業務の意図の明確化と意識化を図るために作成された）。ソーシャルワー

図表9-2　FKスケール

業務行動	業務内容
①直接援助業務	利用者本人や家族への直接援助
②サポート業務	関係機関・部署の職員，スタッフへの励まし
③スーパービジョン業務	部下・同僚に対する指示，指導
④業務管理・労務管理業務	業務のための準備態勢，事務的業務，会議などの運営業務
⑤ネットワーキング業務	関係機関との協働，調整
⑥コンサルテーション業務	部下・スタッフ・他の専門職へのアドバイス
⑦宣伝・普及業務	職務・専門性などが認知されるための努力

（福山和女作成）

カーは、これらの業務行動をする過程のなかで、ときには行き詰まることがある。職場で、事前に自分の業務行動について確認を受けておくことで、そのつまずきを克服でき、自信を持って遂行できるようになる。

① 直接援助業務は、利用者（本人や家族）に直接にかかわって支援するための業務行動を指す。
② サポート業務は、他の職員、他機関、関係者への心理的励ましや支え、認めなどをするための業務行動を指す。
③ スーパービジョン業務は、他の職員の業務行動を確認して、遂行上の責任を共有し、指示、指導・助言、支持により専門家養成と人材活用を促すための業務行動を指す。
④ 業務管理業務は業務の管理をするための業務行動を指し、労務管理業務は職員自身が自己の保全・管理をするための業務行動を指す。
⑤ ネットワーキング業務は、他の職員、他機関、関係者との協働、関係調整などをするための業務行動を指す。
⑥ コンサルテーション業務は、他の職員、他機関、関係者への助言などをするための業務行動を指す。
⑦ 普及・宣伝業務は、所属組織・職務などの宣伝・普及などをするための業務行動を指す。

確認内容の課題別分類

次に、ソーシャルワーカーが確認作業を受ける際に、確認内容は大きく五つの課題に分類できる。スーパーバイザーは、「今確認しておいたほうがよいのは、どれか」を基準に確認内容を選定する。確認作業をしなければならないものが必ずしもスーパーバイジーが相談してきた内容と一致しない場合もある。

① スーパーバイジーの担当事例

これは、ソーシャルワーカーの提示した担当事例そのものが確認作業の課題になる。たとえばクライエント（個人、家族）の心理的、精神的、社会的側面などについて、社会資源や制度も考慮にいれながら、分析・把握し、援助や支援計画・方法について確認作業をする。これは、個人スーパービジョンだけでなく、ピア・スーパービジョン、グループ・スーパービジョンで実施できる。

② スーパーバイジーと事例との相互関係

これは、ソーシャルワーカーとクライエント本人や家族との関係を確認の焦点とするものである。この場合、ソーシャルワーカーの知識、技術、方法論、またそれらに基づいた対応について確認し、担当事例への影響について具体的に検討する。

③ スーパーバイジーの課題

これは、スーパーバイジーの専門家としてのアイデンティティ、自信、能力などについて確認作業をするものである。またスーパーバイジーが確認を受けたい特定の理論に基づく方法や技術の習得もここに含まれる。

④ スーパーバイジーと同僚そして組織との相互関係

これは、スーパーバイジーの職場関係を確認の焦点とする。同僚との対人関係の問題や、組織関係からみた業務の枠組み、立場、人事管理などスーパーバイジーが抱いている職場におけるさまざまな組織的課題が確認作業で浮き彫りにされる。ときには組織のなかでのシステム作りや対策作りを確認の焦点とする場合もある。

⑤ スーパーバイザーとスーパーバイジーとの相互関係

これは、スーパーバイジーがスーパーバイザーとの関係に焦点を当てて、スーパーバイザーと確認作業をすることである。一般的に、確認作業過程の初期段階では、スーパーバイジーがスーパーバイザーに依存する度合いが大きいが、この過程を踏むごとにスーパーバイジーが専門家として自立へと方向づけられる。段階ごとにスーパーバイザーとスーパーバイジーの関係の変化について確認し合うことも有効である。

■スーパービジョンの形態■

次に、確認作業を行う際に適切な人数があるのかどうか。常に個々の対応で行うのか。また組織や機関の特性からおのずと選択される確認作業の形態もあるだろう。それぞれの形態には効用と限界があり、それを意図的に選定することで確認作業を効果的に行うことができる。スーパービジョンの形態を、以下に説明する（図表9-3参照）。

個人スーパービジョン

これは、実践編のスーパービジョンの形態である。スーパーバイザーがスーパーバイジーと一対一で定期的に、またはスーパーバイジーの必要に応じて行う確認作業の形態であ

図表9-3　スーパービジョン・システムの形態

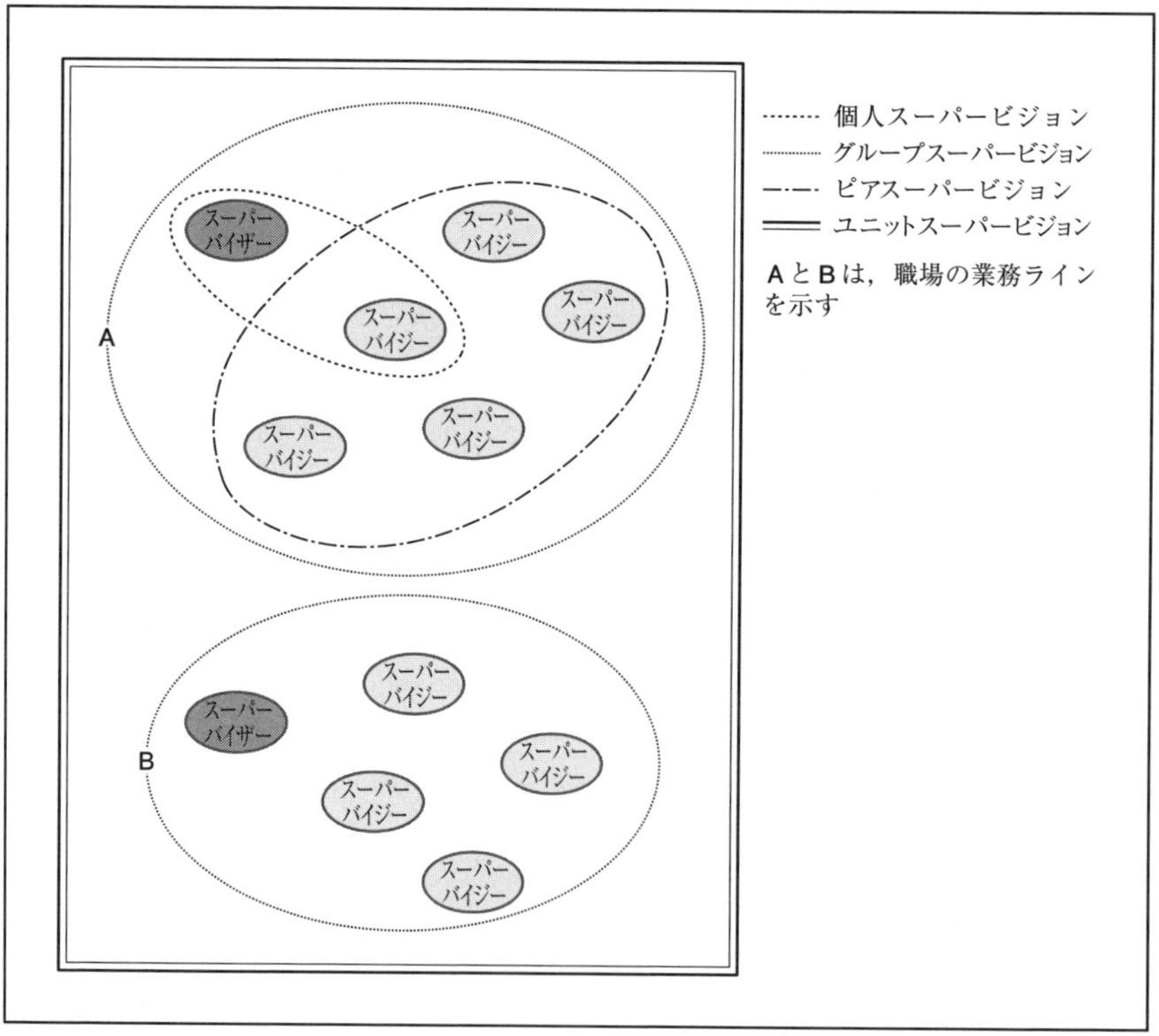

（福山和女作成）

る。定期的に行う場合には、その目的と頻度、時間を明確にして行う。定期的なものは新人ソーシャルワーカーやスタッフにとって有効であり、中堅、ベテランの職員に対しては適宜に行うのがよい。

グループスーパービジョン

一人のスーパーバイザーが複数のスーパーバイジーに対してスーパービジョンを実施する形態である。グループのなかで一人のスーパーバイジーの業務課題を確認するが、その確認作業を通して、スーパーバイジー全員の専門性の向上につながる。

ピアスーパービジョン

スーパーバイジー同士が互いに仲間（ピア）として同じ立場で確認作業を行う形態である。進めかたはグループ・スーパービジョンとそれほど変わらないが、スーパービジョンの進行のリーダーシップを取ることを参加メンバーに委ねる。スーパーバイザーが不在で行われるため、その場で的確な確認作業が行えないという短所がある。しかし、同僚間で行った確認作業の結果を上司に報告することで、スーパーバイザーから了解を得ることができる。

セルフスーパービジョン

一人で行う確認作業である。自己評価・点検の形を取る。

ユニットスーパービジョン

一人のスーパーバイジーに対して複数のスーパーバイザーが同席する形態で確認作業が行われる。スーパーバイザーグループが一人のスーパーバイジーの業務課題を確認するが、会議の形態で行われるため、そのプロセスに同席している他の職員にとっても、自らの業務遂行の確認ができ、力量の向上につながる。スーパーバイザーは、たとえば課長、係長、主任指導員、主任寮母、フロア主任等、複数の職種と職位にまたがることがありうる。職場の職員会議、朝のミーティング、打ち合わせ会議などがユニットスーパービジョンに相当すると考えられる。

ライブスーパービジョン

利用者の面前でスーパービジョンを実施する形態である。その場には、スーパーバイザーとスーパーバイジー、そして利用者がいる。

スーパーバイザーが実際に利用者に対して支援するという形で、そのモデルを見せ、スーパーバイジーは学ぶ。つまり、スーパーバイザーと利用者との相互作用がそこにある（図表9-4）。実習生を指導する時、ライブスーパービジョンは極めて一般的に行われている。

図表9-4　ライブスーパービジョン

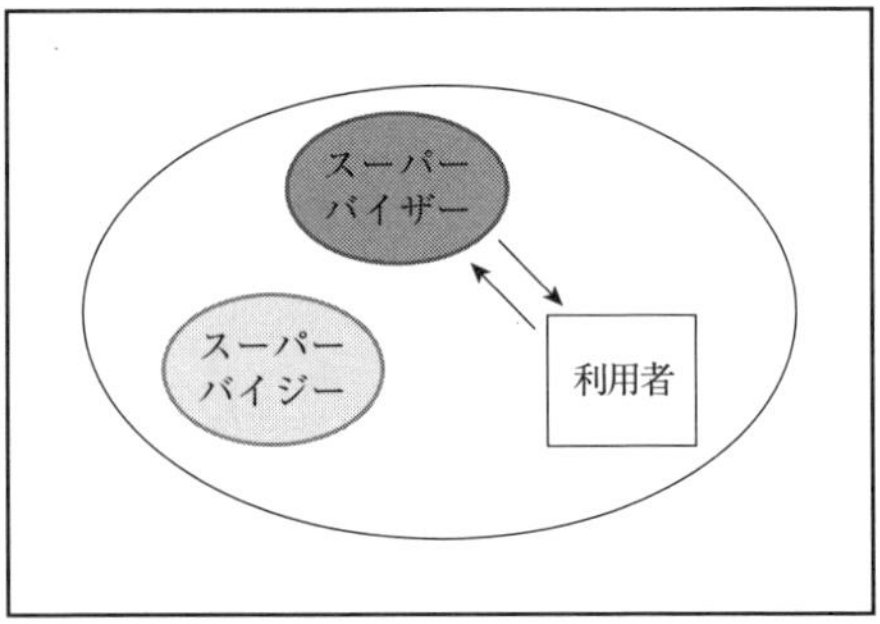

（福山和女作成）

■　スーパービジョンの機能　■

上司やスーパーバイザーからスーパービジョンを受け、確認作業を通して支援されることで、自分が専門家として業務を遂行しているという意識化ができる。また職員としての意識化が図られ、より専門性の高い業務を行える。

スーパービジョンのチェック項目

スーパービジョンの機能は、管理機能、教育機能、支持機能の三種類がある。確認作業としてスーパービジョンを実施する際のチェックリストを示す（図表9-5）。

管理機能

「何をしたか」あるいは「何をしようとしているか」について以下の四点を確認する。スーパーバイジーが何をしてきて、これから何をしようとしているかを確認することにより、これから何が起きるかを確認でき、スーパーバイジーに対する対処計画が立てられるという利点がある。

① 職務・職責、役割・機能を確認する

仕事をどの立場から行ったのか、行おうとしているのか、どの範囲の責任を負ったのか、負おうとしているかについて明確にする。たとえば、部下やスーパーバイジーはコーディネーター、リーダー、マネジャーなどの役割を持ち、組織運営の把握を行うこともあれば、書類や記録管理などの責任を負うこともあるだろう。これらを効果的に遂行するためにも、スーパーバイジーの立場や責任の範囲を明確

図表9-5　スーパービジョンのチェックリスト

機能の確認	チェック項目	明確にするポイント	チェック／○印
管理機能 「何をしたか」「何をしようとしているか」	①職務・職責，役割・機能を確認する。	仕事上の立場・職位，責任範囲	
	②業務・援助行動の計画性を確認する。	援助目的・計画・援助期間・援助内容・具体的効果	
	③業務・援助の考え方や視点に社会福祉の専門性に関する理論・情報・技術・価値を活用したかを確認する。	理論・知識 技術 情報 価値	
	④業務・援助の効果予測を確認する。	効果 限界	
教育機能 「何が不足しているか」	上欄4項目についての不足部分を確認する。		
支持機能 「何を悩んでいるか」	上欄4項目にまつわる悩み，不安，自信喪失を確認する。	悩み 不安 自信がない	

にすることが大切である。

② 業務・援助行動の計画性を確認する

利用者への支援計画を含む、業務の目的、期間、内容や効果をどのように考えているのかを明確にすることで、部下やスーパーバイジーが業務について確かな実感が持てるようにする。

③ 専門性に関する理論・情報・技術・価値の活用を確認する

援助を含む業務に際してどのような理論や知識、情報、技術、価値を使っているのかを確認しておき、業務の妥当性や科学性を高めることで、スーパーバイジーである職員が専門家として成長するように促す。

④ 業務・援助の効果予測を確認する

計画に基づいて行った援助の効果についてどのように予測しているかを確認する。特に、マイナス効果あるいは限界について予測できているかどうかを確認することが重要である。

以上、スーパーバイザーは組織や職員の業務レベルを把握し、担当職員が所属組織の利用者の利益をはかり、利用者に対する責任を果たすように促す。担当者の企画能力の把握や、機関間や専門家間のネットワークの把握を行うことも含まれる。これによりスーパーバイザーは、「組織から委託された一定の責任を果たし、利用者の利益を守り、スーパーバイジーの成長を促す」管理機能を果たしていると言える。

教育機能

「何が不足しているか」、また「何を補足すべきか」について、前述の四点——①職務・責任等、②業務等の計画性、③専門性に関する理論等の活用、④効果予測——における不足部分を確認し、専門的知識・技術で補う。専門的知識、情報、技術などの不足のうち、緊急性の高い場合は、その場ですばやく補い、即座に実践に移せるように指導し、教えることが必要である。それほど緊急性がなければ、他の専門家にこの教育や訓練機能を託すことが可能である。

「教育的」機能とは、組織運営、会議運営、企画や記録管理の仕方、援助計画の立て方、個別、集団支援計画の仕方を教えることである。「訓練」する機能とは、その能力の向上をはかることをいう。ここでいう「教育」とは、新たな知識、技術を教えることだけでなく、今まで得てきた知識、技術を業務に結び付け、すでに業務に用いられていることを意識化させることである。また、今後学ばなければならない内容や分野を示唆することもここに含まれる。

D・ワルドフォーゲルは、教育的スーパービジョンがソーシャルワーカーにとって効果的であると提案している。[7] しかし、どのような理論や技術によって業務が遂行されているかを認識しないまま業務が展開されると、自分たちの行っている業務の評価やプランニングの際、職員に混乱と動揺が生じやすくなる。

支持機能

部下の業務がスムーズにいかないとき、その部下が、「何に悩んでいるのか」、「何が不安なのか」、「何に自信がないのか」について、前述の四点を確認する。業務をしているとき、その業務の方法や結果について自信が持てないことがあるだろう。また、このようにしてもよいのかと不安になる、または、業務がつまらないと思うことや、その業務をすることがとても嫌だと感じることもある。たとえば、事務量が多くて、人にふれることが少ない業務を無味乾燥と思うかもしれない。このようなとき、その心情や気持ちをスーパーバイザーに確認してもらうことで、スーパーバイジーは自分が専門家としてどの状態にいるのかを明確にできる。これらを確認してもらい、上司に自分の気持ちや努力をわかってもらうことでサポートされ、ソーシャルワーカーとしてのアイデンティティが明確になり、専門家は前向きになって業務を続け、取り組み意欲が向上することもある。
スーパーバイジーとスーパーバイザーが、一つひとつの業務のなかでスーパーバイジーのできているところ、よいところ、これから伸ばしてほしい能力をともに理解し、認めることが「支持機能」である。

注

（1）D・デッソー／上野久子訳『ケースワーク・スーパービジョン』ミネルヴァ書房、一九七〇年。
（2）大塚達雄「スーパービジョン」仲村優一ほか編『社会福祉辞典』誠信書房、一九七四年、二〇九頁。
（3）福山和女「スーパービジョン」仲村優一編著『ケースワーク教室』有斐閣選書、一九八〇年。
（4）仲村優一ほか編著『社会福祉方法論　講座Ⅱ』誠信書房、一九八五年。
（5）岡本民夫『福祉職員研修の進め方』全国社会福祉協議会、一九八五年。
（6）黒川昭登『スーパービジョンの理論と実際』岩崎学術出版、一九九二年。
（7）Waldfogel, D., Supervision of students and practitioners, In *Handbook of clinical social work*, Jossey-Bass Publishers, pp. 319-344.

第10章　アメリカにおけるソーシャルワーク・スーパービジョンの発達

次に、アメリカでのスーパービジョンの定義を概観したい。ここで、アメリカを取り上げるのは、実践編のスーパーバイザーのモデルであったデッソーが、アメリカ人の精神科ソーシャルワーカーであったからである。実践編のスーパービジョンの実践過程は、スーパーバイザーのスーパービジョンの考え方や概念そのものが、アメリカの歴史から醸成されたものであり、それを日本のソーシャルワーカーの育成に反映させたプロセスであったと考える。ここでは、日本の二倍の歴史をたどってきたアメリカのスーパービジョンについて理解を深めておきたい。

1　組織的プロセスとしてのスーパービジョン

まずスーパービジョンは、一八七四年の第一回慈善矯正会議で取り上げられ、広義の組織的プロセスとして定義されていたことは重要な事実である。その会議では、業務の効率性と経済性の対費用効果の変革が提案され、慈善矯正会議の従事者に対してスーパービジョンの方法を考えなければならないという組織運営方針が示された(1)。一九〇〇年代初期に産業化が急激に進展し、スタッフ個々のスーパービジョン概念が出現するようになった。当時、個別スーパービジョンは専門教育を経て熟練した常勤職によって行われていた。スーパーバイザーには研修と文献学習の修了が求められ、新人ボランティアはそのスーパービジョンのもとに働き、有償スーパーバイザーのもとでスーパービジョンを受けながら仕事をすることを義務付けられていた。このように、施設や地域の機関に専門職スーパーバイザーを常勤雇用する体制が導入され、特に注目されていた。

『社会診断』[2]のなかで、ソーシャルワーカーにとってのセルフスーパービジョンの有効性が述べられている。ソーシャルワーク専門職の発展を達成するために専門家として自己研鑽することの重要性を主張し、自分自身でケース記録を検討する方法で、スーパービジョン・プロセスをたどることを勧めている。

一九二〇年代のソーシャルワーク実践では、スーパービジョンに精神分析理論を活用した教育指導型の方法が行われた。ソーシャルワーカーのための学部教育プログラムがない時代には、実習スーパービジョンは特に重要なものとみなされた。その後、ソーシャルワーカーとクライエントとの援助関係が、スーパービジョン関係にも類似していることに関心が集まった。ソーシャルワーカーに対するスーパービジョンと、クライエントに対する援助関係は同形であるとみなされた。すなわち、擬似治療機能をスーパービジョン関係に見いだし、ソーシャルワーク理論をスーパービジョンにも適用し、ソーシャルワーカー自身の感情への気づきや態度をスーパービジョン場面で重視するようになった。

まもなく、心理学的方法に基づいてケースワーク教育を行うソーシャルワーカーの養成校が作られ、スーパーバイザーによる訓練が行われた。養成校において長期にわたり継続的なスーパービジョンを行うことから、ソーシャルワーカーのスーパーバイザーに対する依存が問題になった。

一九三〇年代には、世界経済恐慌と第二次世界大戦の影響を受けて、貧困問題や傷痍軍人への対応が最優先課題となった。スーパービジョンはソーシャルワーカー中心ではなく、ソーシャルワーク業務中心に視点を移し、機能主義が台頭した。このことは、スーパービジョンがソーシャルワーカーの個人的成長よりも組織の管理的プロセスに重点を置くようになってきたことを示すものである。C・E・ムンソンの組織論は、権威と統制を活用し、スーパービジョン関係を通したソーシャルワーカーの個人的問題への介入と、組織上の権威や管理機能などの概念とを明確に区別するようになった。

2　教育機能重視のスーパービジョン

一九五〇年代にソーシャルワーク・スーパービジョンの新しい段階が出てきた。組織論がスーパービジョン機能に組み込まれるようになり、スーパーバイザーは管理、教育機能を発揮すると同時に、ソーシャルワーカーの緊張感や葛藤をも取り上げるようになった。この時代にスーパービジョン体制の新しい形態が必要だと言われ始めた(3)。

スーパービジョンにおいては、教育機関による教育の重要性は言うまでもないが、もう一つの重要なものに継続的研修がある。この時代にスーパービジョンの機能は拡大し、ケース記録を活用してより広い視点からケースを発見するための手段となり、問題の再発を予測し、社会改良の責任を果たし得るものとみなされるようになった(4)。当時もう一つ、社会学理論や役割理論を適用するという流れもあった。それは家族療法、環境療法、コミュニティ・オーガニゼーションへと発展していった。加えて、社会学習理論が導入され、子どもを育てる過程で学習させる知識と社会化の概念をスーパーバイジーに適用した。その後、成人のための社会化過程がより有効なパラダイムとして紹介された。

一九六〇年代に重要な社会変革がなされ、人類平等主義の規範や民主的参画、専門職としての自律性などが強化されるようになった。ソーシャルワークの準拠枠に行動－マネジメント方法を統合することになり、スーパービジョンの新しい方法の概念化を試みるようになった。

3 学際的協働におけるスーパービジョン

一九七〇年代には、ソーシャルワーカーたちに、学際的協働作業やチームワークが社会行動学の知識とともに導入された。この視点は、スーパーバイザーとスーパーバイジーの責任が相互的だと考えるものでスーパービジョンはチームワークの場として行われるようになり、そこではスーパーバイジーは方針作りへの関与を促された。スーパービジョン機能は、サービスや専門職の発展の水準を向上させるものとして規定された。スーパーバイザー役割の主要特性に、スーパービジョンの評価、利便性、認知を含むようになった。しかしチームプロセスの中でソーシャルワーカーは、他の対人援助の専門職と比して、自分たちの専門職としての自律性の不足に直面することになった(5)。個別スーパービジョンでの管理機能は組織概念に類似したものであり、これには規則、コントロール（管理）、アカウンタビリティ（説明責任）が含まれている。この管理的機能の中で説明責任の機能は、組織内の上下関係に強い影響を受けるものである(6)。

組織構成員の行動に対し規則を強調して管理するというスーパーバイザーの公的役割は、厳格にスタッフの行動を問うことになり、クライエントを支援することが難しくなるという結果を生んだとの批判的な指摘もある(7)。その後、第二のスーパービジョン機能が出現した。それは、スーパーバイジーがクライエントの理解を深めることと同等に、スーパーバイジーを理解することの重要性に焦点を置いた。

一九八〇年代後半になって、現在のスーパービジョンの定義の基盤となるものができあがった。C・クラークは実践家が社会化するプロセスとしてスーパービジョンを定義したが、管理、サポート、教育の機能を備えるようにとは主張しなかった(8)。

一九八〇年代から一九九〇年代初頭にかけて、システム理論、認知理論、生態学的視点がソーシャルワーク・スーパービジョンに適用されるようになった。多くの理論や方法が開発されるようになったので、ソーシャルワークの特定分野において、特化した専門職としてのスーパーバイザーを雇用する傾向が見られた。ソーシャルワーカーは援助を求めてきた人に対して、常に全人的にアプローチし、一般的で包括的なアプローチを用いるものであると、C・E・ムンソンは指摘している。(9)

このようにアメリカのソーシャルワーク・スーパービジョンを概観してみると、同質・異質の二層のスーパービジョン体制が形成された経緯を理解することができる。熟練した経験豊富なソーシャルワーカーがスーパーバイザーとなる同質タイプのスーパービジョンでは、スーパーバイザーは教えることや支持することの役割を担っていた。これは、ソーシャルワーク教育を受けていないボランティアや新人ソーシャルワーカーのトレーニングでその効果を発揮していた。この時代に、同質性スーパービジョン実践での効果が強化された。

次の時代には、異質タイプのスーパービジョン体制が必要になった。スーパーバイザーは教師と治療者の役割だけでなく、さらに別の役割を求められるようになった。専門性の細分化が進み、同質タイプのスーパービジョン体制の維持が困難になってきた。新しい実践方法論が発達するにつれ、異質タイプのスーパービジョン体制がより効果を発揮するようになり、ソーシャルワーカーは特にソーシャルワーク以外の分野での諸々の方法論や専門性を扱うようになった。

同質性スーパービジョンが持つ限界という側面も考えられるようになった。昨今では、ソーシャルワーク分野において、スーパービジョンの管理的要素を活用し、複数専門分野にまたがるスーパービジョンが行われるようになり、スーパーバイジーは異質タイプのスーパービジョンを経験する機会が増えてきた。常勤スーパービジョン・スタッフになるには、ソーシャルワーク教育と経験と専門的訓練を受けていることが条件となっている。クラーク(10)によれば、専門的訓練は専門職の発達を促進するうえで重要な役割を果たすとして、訓練には二つの側面があると指摘している。一つめは習得であり、二つめは創造性である。習得は学習することであり、的確に訓練を受けるために権威に適合することだが、加えて専門職の実践には創造性の涵養が必要である。

アメリカにおける同質/異質の二層のスーパービジョン体制を検証し、その効果を比較するうえでも、別の専門分野で行われていたスーパービジョンの歴史的経過について調べてみることが有効と思われる。教育分野の専門職スーパービジョンの歴史はソーシャルワークのそれより長いので、教育分野のスーパービジョンの歴史を概観する。

4　アメリカの教育分野におけるスーパービジョンの概念

教育分野の歴史のなかで発展したスーパービジョンの概念には劇的な変化があった。教育分野ではまずスーパービジョンの最初の試みとして、教師の不適格性を証明するために調査と訪問が行われた。一六五四年に、初めて公教育の代表者等によるスーパービジョン局が法的に公認された。マサチューセッツ州ベイコロニーの地方議会の法律で、町で選ばれた行政委員が教師を指名する権限を規定し、管理機能のみを遂行した。その教師は忠誠心と道徳観念を持っていることが条件であり、管区内の学校に配属された。学校では規模が大きくなるにつれて、二人以上の教師が雇用されるようになった。この教師の一人が長として任命され、それまでの選任された行政委員が独占的、公的に遂行していた責任のいくつかを担うようになった。こうして、学校組織内の特定の人に運営コントロール権が制限付きで移譲された。この事実から、当時の学校スーパーバイザーが行っていた学習方法や理念を読み取ることができる。すなわち、異質性スーパービジョン体制が権威づけられたと考えられる。

一八一二年に学校長の職位が制定され、校長は主に管理的、事務的機能を遂行した。校長による異質性スーパービジョン体制では、スーパーバイジーに対して管理的に組織の一員として機能することを求めた。生徒数の増加につれて、校長は多忙になり、校長のアシスタントを採用し、彼にスーパーバイザーとしての任務を移譲した。ここで初めて管理とスーパービジョンの機能が分割された。一八七五年から一九〇〇年にかけて、学校は新しいカリキュラムを創設し、音楽と家庭科という科目を付け加えた。当時の音楽と家庭科の教員は皆資格を持たなかった。そこで特別に、この科目の担当教員を助けるためにスーパーバイザーが任命された。このスーパーバイザーは、特定区域内にあるいくつかの学校の新科目を担当する教員にスーパービジョンをする責任を持っていた。学校区ごとに複数のスーパーバイザーがおり、論者はこの現象を同質性スーパービジョンの確立と見る。所属組織外部から、特定科目の教員に対して同質性スーパービジョン体制が整えられ、これと平行して所属組織内部では、異質性スーパービジョン体制が行われていたと言える。

これは、12章で述べる二層性のスーパービジョン体制が、すでにアメリカの教育体制に存在していたことを証明するものである。すなわち、非常勤の同質性スーパーバイザーが、所属組織外部の教育分野の中央組織から専門職として公式に任命され派遣された。地方の学校では、このスーパービジョンの仕事は郡の校長会のメンバーでもある事務長に託されていたが、事務長には校長としての管理機能以外に権限がなかった。スーパービジョンと管理機能は明確に区分されたといえる。所属組織の外部機構としての同質性スーパービジョン体制は、能力査定と評価を行うほどの権威を持つようになった。この段階に至って、スーパービジョン機能は新しい方法を採用して教育に貢献することを求められた。スーパーバイザーは、教えることを改善する要因は教員のなかにあることを認識していた。同時に教えることの科学的精査方法が探究され、さまざまな調査研究がなされた。

一九三〇年代には、スーパーバイザーは官僚機構の責任者としてよりも、リーダーとしての役割を遂行するようになり、より民主的なアプローチと言われた。スーパーバイザーは教員一人ひとりに激励と指導を与え、創造性を発揮するように支持した。ここでは、同質性スーパービジョン体制がスーパーバイジーの個人的なニーズに焦点を当てて、それを強化するようになったと言える。

一九六〇年代には、スーパーバイザーは教員の潜在能力の発揮に目標を置き、全般的教育的目的達成に貢献できるように、他の教育分野の人材と協力するようになった。学校規模が大きくなってスタッフが増加するにしたがって人材の流動性も高まり、新人教員はスーパービジョンを受ける努力をした。教育分野のスーパーバイザーはリーダーシップ、コーディネーション、資源活用、評価、権威などの機能を果たして、教育の発展に貢献するようになった。

一九六四年、マッキーンは当時の教育分野のスーパービジョンについて以下のような原則を示している。スーパービジョンは学びや教えることの改良を最終的な目標としている。この改良から、効果的なスーパービジョンの評価に関する最適基準が提供される。スーパービジョンはその結果と変化の意義を証明することを探求する。スーパーバイザーはこの目標のために評価技術を使い、教育スタッフとの仕事で充足感を得ることができる。スーパービジョンは、その手順を踏むことでスタッフの士気と道徳観念と業務満足度を改良することである。スーパービジョンによって教員は自信を高め、課題に的確に取り組み、彼らの能力を十分に発揮する体験をする。ほとんどの州の教育庁はスーパービジョン・プログラムを強く打ち出している。財政資源の投入と資格授与により、管理部門と専門部門のスーパーバイザーとコンサルタントとして十分なスタッフを集めることが認められた。その結果常勤スーパーバイザーが増加し、機能に応じて援助教員、リソース教員、コンサルタント、コーディネーターという呼称が使われるようになった。スーパービジョンを受ける必要性は、組織形態や状況により判断される。ここでは二層のスーパービジョン体制が存在し、それぞれのスーパービジョン体制の長所を上手く活用し、効果的に機能している。

教育分野のスーパービジョンの発展過程を概観することで、その初期から異質性スーパービジョンが行われていたことが判明した。その立場にある校長は組織内部の一員として機能を果たし、異質性スーパービジョン体制の管理機能を遂行した。次の段階では特定科目に対する同質性スーパービジョンが整備され、組織内部の異質性スーパービジョンと並行して実施された。同質性スーパービジョン体制は組織外部の機能として存在した。二層のスーパービジョン体制が教育分野に存在したことは、教える資質や評価に関するスーパービジョン機能と管理機能とが分けられていたことを示す。同質性スーパービジョン体制はスーパーバイジー個々のニーズに焦点を当てて強化された。スーパーバイザーはリーダーシップ、コーディネーション、資源活用、権威など多様な機能により教育分野の発展に貢献した。管理機能は所属組織内部の特定の人が担っていた。

このように考えると、教育分野の二層のスーパービジョン体制は、現場の専門職の教えるという主要機能に焦点を当て、生徒に対する教育成果を出すために、教員が教え、指導するという質を高めるための支援であると言える。その意味で、教育分野における二層のスーパービジョン体制は十分に効果をあげてきた。

アメリカのソーシャルワークと教育分野におけるスーパービジョン体制の歴史的経緯から以下のことが理解できた。この二つの分野のスーパービジョン体制が発展した過程は、まず異質性のスーパービジョンからスタートし、その後すぐに同質性のスーパービジョンを形成したという、類似の過程をたどっているといえる。結果的に、この二層のスーパービジョン体制の活用は組織方針に左右されるという限界はあるものの、十分に活用されてきたと言える。教育とソーシャルワーク二分野のスーパービジョンの相違点として、ソーシャルワークにおける異質性スーパービジョンは教育的機能と支持的機能を中心に強化されたのに対し、教育現場における異質性スーパービジョンは管理的機能を中心に強化されてきたという特徴がある。

5 スーパービジョン機能を選定するための留意点

以上、アメリカのスーパービジョンの歴史から、スーパービジョンの機能が多様化してきたことも理解できた。以下の章では、日本のスーパービジョンについて再度検討してみたい。

確認作業では、管理・教育・支持機能のうち、主たる機能（主機能）をどれにするかを考えることが必要である。スーパーバイザーがスーパーバイジーの業務について確認しようとするなら、主機能として管理的機能を選ぶ。スーパーバイジーに何か新しい知識や技術を教えたい、たとえば参考書やテキストでそれを調べさせる必要があると考えるなら、主機能として教育的機能を選ぶ。スーパーバイジーの行動や判断を専門家として妥当だと褒める必要があると考えるなら、主機能として支持的機能を発揮する。しかし、この三つは相互に補完しあうものでもあり、三機能の割合を考えて確認作業をすることも効果的である。

注

（1） Munson, C.E., *Clinical social work supervision (2nd ed.)*, The Haworth Press, 1993.
（2） Richmond, M., *Social diagnosis*, Russell Sage Foundation, 1917.
（3） Miller, I., Supervision in social work, *Encyclopedia of social work (8th ed)*, 1987, pp. 48-56.
（4） Munson, C.E., *Social work supervision : Classic statements and critical Issues*, The Free Press, 1979, pp. 54-107.
（5） Rogers, G. & McDonald, L., Thinking Critically : An Approach to field instructor training, *Journal of Social Work Education*, Vol. 28, No. 2, 1992.
（6） Munson, C.E., *op. cit.*, 1979.
（7） Hasenfeld, Y., *Human service organizations*, Prentice-Hall, 1983, pp. 206-207.

（8） 久保紘章「個別援助技術の記録とスーパービジョン」社会福祉士養成講座編集委員会『社会福祉援助各論』全国社会福祉協議会、一九九二年、一四〇～一五四頁。

（9） Munson, C.E., *op. cit.*, 1993.

（10） Clark, C., Competence and descipline in professional formation, *British Journal of Social Work*, Vol. 25, 1995, pp. 563-580.

第11章　スーパービジョン・ツール

1　スーパービジョンの展開

確認作業を実施する前に、スーパーバイザーはスーパーバイジーとの関係を明確にし、その確認内容を把握する必要がある。確認作業を受ける意思の確認、スーパーバイザーの役割の説明、時間に関する取り決め、実施場所、緊急性に関する吟味と緊急対処の取り決め、秘密厳守、記録提出、報告の義務、目標などを設定する。

時間に関する取り決めには、スーパービジョンを実施する時間、頻度、回数、期間などが含まれる。個室でスーパービジョンをすることは秘密保持のためにも重要であるが、施設の廊下や電話などで即座に確認作業が行われることも多い。

2　スーパービジョン展開の道具

■　道具はなぜ必要か　■

ここでは、確認作業を効果的に進めるために開発された道具（ツール）について紹介する。これらの道具は、スーパービジョン実践の成果のレベルを保証し、使用方法の習熟が実践力の向上にもつながる。スーパービジョンにおける道具の活用は、①スーパービジョンの考え方や過程を視覚化する、②業務の質と量を視覚化することで、スーパービジョン過程を通じて専門家としての意識を醸成する、③言語化や図式化などの作業を通じて情報を視覚化することで、知識や情報の整理作業を容易にする、④道具の使用はそのまま実践記録を残すことにつながり、後の検証に資することができるといった効果が期待できる。

■ 人材活用スケール ■

「人材活用スケール」は、上司が部下（スタッフ）の能力評価をする際に用いる。また、セルフスーパービジョンで、ソーシャルワーカー自身が自己の能力チェックをするときにも使える。このスケールをつけることで、ソーシャルワーカーの業務上の限界、弱点、長所も予測できる。また、対処策を練るときにも役に立つ（図表11-1参照）。

■ ＦＫモデル ■

ＦＫモデルは、アセスメント、課題や計画に対するソーシャルワーカーの段階別取り組みを具体的に設定している。たとえば、確認作業を実施する際にも、このモデルを活用することにより、スーパーバイジーとともに、担当事例のアセスメントを一層的確に進めることができる。また、クライエントを理解すること、援助計画を策定すること、ケアカンファレンスの計画などにも、ＦＫモデルは活用可能である。

スーパービジョンでのＦＫモデルの活用

スーパービジョンで取り上げられる事例は支援が非常に困難なものが多いため、スーパーバイザーとスーパーバイジーが協力して事例を検討することがある。このようなときに、ＦＫモデル（十ステップ）を活用して事例を把

図表11-1　人材活用スケール

職 員 名		人材活用上の課題：
経験年数	年	
勤務形態		

記入月日	年　月　日
記入者名	

	メ　モ	1　（観察）	2　（理解）　3	4（分析・応用）　5	6　（理論化）　7
1．利用者（本人・家族）へのかかわり（直接援助能力）		利用者の状況を観察する	利用者に応じて対応する	理由を考えたうえで判断する（利用者・状況へのかかわりの理由を考え判断する）	予測できない事態に対応する
2．職員の（業務）行動（行動力）		ともかく実行する	自分なりに理由を考えて実行する	相手のニーズを判断して実行する	効果を考えたうえで実行する
3．職場内外のネットワーキン（報告能力）		実行したことを伝達する	なぜ実行したかを伝達する	どのような手順で実行したかを具体的に伝達する	実行したことの問題点・気づいたことを伝達する
4．教え方／教わり方（スーパービジョン能力／活用能力）		やってみせる／やってみせてもらうとわかる	言葉で説明する／言葉で説明してもらうとわかる	理由を説明する／理由を説明してもらうとわかる	実行したことの問題点・気づいたことを伝達する
5．サービスプラン（開発力）		見て感じたものについて提示する	問題点を指摘しその理由を述べる	問題発生を予測する	具体的な解決策を立てる

（福山和女・対馬節子開発，静岡県社会福祉協議会プロジェクト，サンケア21協力作成）

図表11-2　課題取り組みの過程（FK モデル）

第1ステップ	**課題提示** 事例を提示する理由を述べてから，利用者，職員，組織，プログラム等の課題・問題と思われる事例を提示する。
第2ステップ	**取り組み意志提示** この課題・問題に取り組みたいと思うか否かについての考えを述べ，その理由も記す。
第3ステップ	**追加情報** さらに知りたい事柄に関する質問を列挙する。
第4ステップ	**問題点列挙** 推測ではなく，事実から問題点を列挙する。
第5ステップ	**5年後の予測** 援助しない場合の5年後を予測する。
第6ステップ	**取り組み力＝ストレングスの探究** プラス側面，プラスの行動などを列挙する。
第7ステップ	**優先順位付け** 第6ステップで列挙したもののうち，さらに維持強化したいものに優先順位をつけ，第1位を決める。
第8ステップ	**具体的対策作り** 第7ステップの第1位のプラス面を維持強化するための具体的対策（日程から内容に至るまで）を練る。
第9ステップ	**事前計画との比較** 第8ステップの対策を事前に練っていた対策と比較検討して，類似点，相違点を述べる。
第10ステップ	**フィードバック** この一連の過程をたどることにより再確認したものを述べる。

（福山和女作成）

握する（図表11-2）。

① 第一ステップ――課題提示

スーパーバイジーに、事例を簡潔にまとめて提示させる。スーパービジョンで確認したい理由や、緊急性の有無を明示させる。口頭の場合は三十秒程度で、事前に書面で行う場合はA4判ぐらいのレポート用紙に三十行前後の分量で記述させる。

② 第二ステップ――取り組み意志提示

スーパーバイザーは、事例概要を聞き（読み）、スーパーバイジーに担当事例との取り組みについて意志表示させる。取り組みたいと思う理由は何か。取り組みたくない理由は何か。スーパーバイザーは、直感に近い形でこの事例の困難性を予測し、取り組むためにはどこを中心に確認するかをこの段階で考えておかなければならない。

③ 第三ステップ――追加情報

スーパーバイジーは、事例概要に加えて、この事例と取り組むために、さらに知りたい情報について二〜三個列挙する。スーパーバイジーが列挙したものは、保健・医療・福祉システムのどのサブシステムのものであるかを確認する。

④ 第四ステップ――問題点列挙

事例の情報を考慮し、問題点であると考えられる事実をできるだけ多く列挙する。この作業は、スーパーバイジーとスーパーバイザーの共同作業として行う。これらの問題点は、保健・医療・福祉システムのどのサブシステムのものが多いかも確認しておく。

⑤ 第五ステップ――五年後の予測

この事例について、今後の見通しを考える。現時点で援助をしなければ五年後はどのようになっているかを想定する。スーパーバイジーとスーパーバイザーは、この事例が背負っている限界や緊急性を考察し、この事例に対する支援の重要度を推し測っておく。

⑥　第六ステップ――取り組み力＝ストレングスの探究

次に、第四ステップで列挙した問題点を精査する。クライエントは問題を抱えたなら、必ずそれと取り組む努力をしている。その努力に焦点を当て、具体的な取り組み内容と努力を列挙していく。問題点の背後にある隠されたクライエントの取り組み能力を見る。列挙された問題点を一つひとつ丁寧に考察し、その背後にある価値ある行動を証明する。問題点として列挙したものすべてに、クライエントが取り組んだ努力の数がある。保健・医療・福祉現場では問題解決志向が主流であり、プラスの側面や、人のできているところを列挙することは難しい傾向があるが、ここでクライエントやスーパーバイジーのプラス面を列挙する。(1)

⑦　第七ステップ――優先順位付け

スーパーバイザーは、第六ステップで列挙したプラスの点のうち、どの点をスーパーバイジーが強化していけばよいかを考える。強化点をスーパーバイジーに検討させ、優先順位の高いもの一つを選ばせる。

⑧　第八ステップ――具体的対策作り

第七ステップで取り上げた一位のものを実行するための具体策を練る。緊急性が高いと判断した場合には、即時、指示内容と報告期日を決める。

⑨　第九ステップ――事前計画との比較

スーパービジョンを受ける前にスーパーバイジーが自分で立てていた解決策や支援計画と第八ステップで立てた支援計画とを比較させ、類似点や相違点などをともに考える。

⑩　第十ステップ――フィードバック

スーパービジョンを受けてどうだったかのフィードバックをスーパーバイジーに求め、スーパーバイジーは自己評価を行う。また、スーパーバイザーもコメントを述べ終了する。

■ FK・SAS（スーパービジョン・アセスメントシート）■

FK・SASは、福山和女のスーパービジョンの理論に基づいたスーパービジョン研修の実績を踏まえ、スーパービジョン過程を追うことや、業務の明確化と視覚化をはかること、知識と情報の整理を行うことを意図し、スーパービジョンの効果をあげる一手段として福山和女らによって開発されたスーパービジョンのためのアセスメントシートである（図表11-3）。

図表11-3　FK スーパービジョン・アセスメントシート（FK・SAS）

実施日　　年　　月　　日

1．事例提示理由	提示者氏名 経 験 年 数

2．事例概要

3．保健･医療･福祉システム

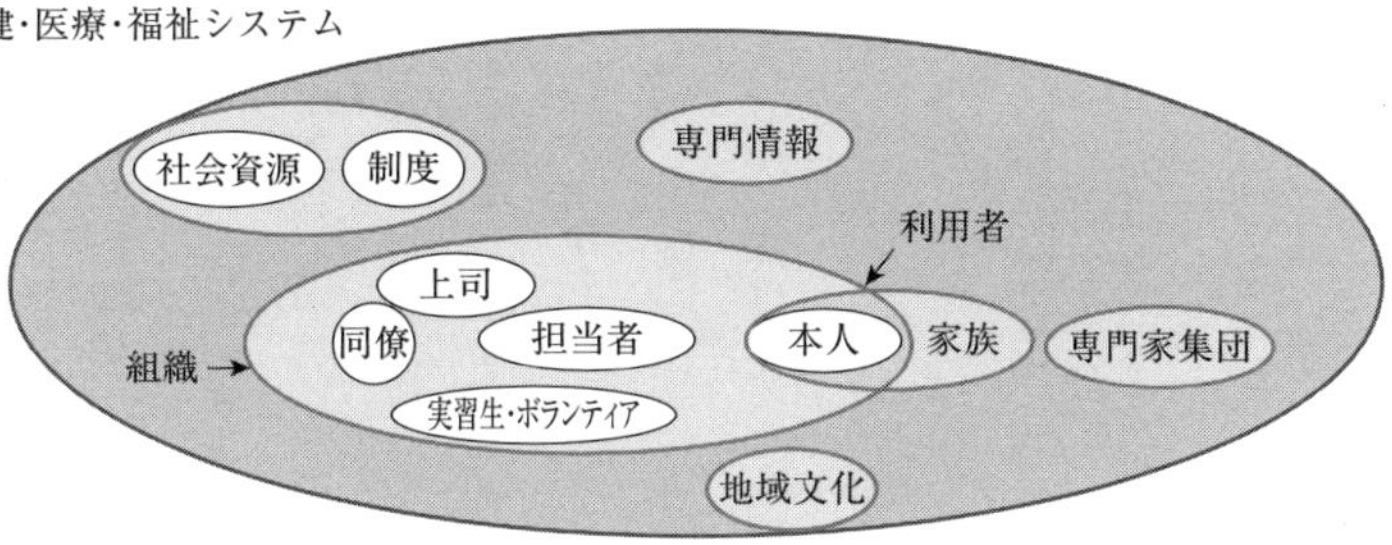

4．スーパービジョンの内容		1．担当事例	2.事例との関係	3.担当者の課題	4.同僚･組織	5.上司･部下
5．スーパービジョンの形態		1．個人	2．グループ	3.ピア／セルフ	4.ユニット	5.ライブ
6．スーパービジョンの機能	6.1　管理的	0％	25%	50%	75%	100%
	6.2　教育的	0％	25%	50%	75%	100%
	6.3　支持的	0％	25%	50%	75%	100%

7．指示内容

8．　報告期日　　　　年　　月　　日	報告日　　　　年　　月　　日

（福山和女他作成）

FK・SASの特徴と活用

FK・SASの特徴の第一は、これを活用することによって、確認作業過程をたどりながらスーパービジョンを行うことができる点にある。第二に、FK・SASはそのまま記録となる。スーパービジョン業務記録は、管理的意味においても重要である。業務としてスーパービジョンを実施し、その指示内容を記録に残すことは、業務管理上重要である。組織としてスーパービジョン・システムを構築し、また業務分析をするために、どのようなスーパービジョンが行われ、どのような指示が出されたのかについて記録を残すことが重要である。第三に、スーパービジョンを行う際に、八項目の段階を追いながら進めることができるため、スーパービジョンで明確化すべき項目を漏れなくチェックすることができる。その意味で、この活用は、スーパービジョンの標準化に貢献できると思われる。またFK・SASによって、スーパーバイザーとスーパーバイジーは共通理解を持ちやすくなる。

第四に、FK・SASの活用により、実施した確認作業の点検ができる。スーパーバイジーに行ったスーパービジョン業務を点検するうえで、FK・SASの記録は重要な客観的データとなる。スーパーバイザーにとっては、自分の行ったスーパービジョンがより適切なものになるように、また、スーパーバイザーとして成熟していくための材料として活用することが可能である。さらに、スーパーバイジーにとっても、スーパービジョンを受け、専門家としてどのような業務行動をとってきたのかを意識化し、振り返るためのデータにすることができる（図表11-4）。組織にとっては、確認作業が人材活用にどのような効果をあげているのか査定し、今後の計画の資料とすることも可能である。

図表11-4　FK・SAS を使用したセルフ・スーパービジョンの進め方

1．事例提示理由：
スーパーバイジーがスーパービジョンを受ける目的を1，2行で記す。自分で事例を検討したいと思う時，何の目的で考えたいのかを明確にする。
2．事例概要：
事例の概要は，できるだけ簡略に記す。しかし重要な事実や情報は欠かすことのないようにする。特に，現在の病状，行動，状況等について詳しくし記す。
3．保健・医療・福祉システム：
事例概要に基づき把握した情報や事実内容について整理する。どのシステムが量的に多いかを把握する。多い順に，1～11（利用者は本人と家族を含む）までの番号を付す。この時8番から10，11番までのものが情報不足ということになる。この中に組織や同僚，上司が含まれていれば，まず上司に尋ねて組織方針を明確に把握することが大切である。

また他のシステムについて，自分が把握していないものであると認知して，クライエントに尋ねることも必要である。
4．スーパービジョンの内容：
これは，スーパービジョンを受ける目的と一致するものである。その目的が，担当事例そのものの事実確認や解釈や理解の仕方であれば，担当事例の個所に丸を付す。その目的によって，担当者と事例との関係，担当者自身の課題，組織の方針，上司の命令の仕方であるかもしれない。今，明確にしたいのはどれかを決める。
5．スーパービジョンの形態：
スーパービジョンの形態については，今回はセルフスーパービジョンなのでそれに丸を付す。
6．スーパービジョンの機能：
スーパービジョンを受けたいが，それは，自分の行った事についての確認をしたいのか，何か新しい知識や技術を知りたいのか，つまり，参考書やテキストでそれを調べる必要があると考えているのか，それとも自分を褒めたいのか，その割合を考える。
7．スーパービジョンの指示内容（支援目標と計画）：
次に支援目標を設置する。支援目標は「プラス面の…を強化する」ことである。援助計画はそれを実施するために具体的に立てる。ここで，観察を何回，支持を何回，というように具体的に数値を記しておくと後の評価の時に便利である。
8．スーパービジョンの報告期日：
向こう何カ月の援助や支援目標を立てるのかなどで報告期日が決ってくる。
9．フィードバック：

（福山和女作成）

3　アセスメントの枠組み

ソーシャルワーカーにとって、アセスメント能力は、業務遂行能力の中でも主たる価値を持つものとなってきた。ここで、アセスメントの枠組みを提示する。

■ 見立ての枠組み ■

社会福祉施策では、利用者やクライエントの自立支援が主目標とされ、施設に入所した人にも相談機関を訪れた地域住民にも、日々の生活を施設ではなく地域で送れるように支援するという機能が専門職に求められるようになった。その結果、この支援の対象者には、疾病・障害をもつ人あるいは、生活の場を失った人という限定が解かれ、胎児から高齢者までと実に幅広く利用者層が拡大した。言い換えれば、住民すべてがこの支援を受ける対象者になりうるといってもよいだろう。その意味では支援範囲が拡大したことになり、支援効果を予測することも難しくなってきた現状にある。人々の抱える問題はますます多様化し、複雑化し、解決できないものが増えた。と同時に、その人たち自身に帰する問題だけではなく、取り巻く環境が人々に変化をもたらし、その影響を受けて結果的に生じた問題現象をも含むようになってきた。

この現状下では、人々への「支援」・「援助」とは何を意味するのかを再び考え直す必要が出てきたが、ここでは、ソーシャルワーカーの立場から支援におけるクライエント（当事者および家族）のアセスメントに焦点をあて、「人とその人が抱える問題の理解」について具体的に考察する。

■ 精神医学的枠組み ■

成田善弘（2）は、「診断と見立て」の章で、精神医学における見立ての枠組みを提示している。それは記述的診断と力動的診断（評価）の二項からなる。その詳細を以下の図表11-5にまとめる。この精神医学における見立ての枠組みのなかのいくつかは、ソーシャルワーク援助における見立ての項目に組み入れられている。この見立ての枠組みについて、次に心理社会的アプローチ（3）を用いたソーシャルワーク援助から詳しく整理する。

「A．記述的診断」は症状、原因、疾患の分類の明確化、今後の経過予測、治療法の選択を含むとされているが、その小項目のなかに、ソーシャルワーカーが支援のアセスメントとして考慮しているものがある。すなわち、主観的体験と主訴である。主観的体験は、ソーシャルワーカーが得る情報のなかの、利用者本人や家族の話す主観的体験に注目して、彼らの知覚、思考、情動、意志について具体的に尋ねる項目である。主訴についても、利用者が気づいている事柄、問題、解決したいと考えていることなどを尋ね、相談に来所したことの理由を明確にする。

「B．力動的診断（評価）」は、利用者の心理・社会的側面を明

図表11-5　精神医学における見立ての枠組み

中　項　目	小　　項　　目
A．記述的診断	＊　1）身体因，内因，心因診断 ＊　2）客観的所見 ＊＊　3）主観的体験 ＊＊　4）主訴重視
B．力動的診断（評価）	＊　1）病理面の評価 ＊　2）発症状況 ＊＊　3）正常，健康面の評価 ＊＊　4）ライフサイクル上の評価 ＊＊　5）患者の面接への期待 ＊＊　6）力動的定式化

＊他の専門職，精神科医などの診断に委ねる項目。
＊＊ソーシャルワーカーが考慮する項目。
資料：成田善弘『セラピストのための面接技法――精神療法の基本と応用』金剛出版，28～46ページを参考に作成。

らかにすることであると述べられているが、この小項目の中にもソーシャルワーカーが支援のアセスメントに含めているものがある。たとえば、正常・健康面の評価については、利用者の健康な面、つまり、自分の抱える問題についてどのように自己理解をしているのか、他の人とのかかわりをどのように認識しているか、言語による感情表出ができるか、記憶や体験を一つのつながりを持って描写できるかどうかなどを明らかにする。ライフサイクル上の評価については、利用者本人や家族の現在の年齢、発達課題およびその取り組み方などを整理する。利用者の面接への期待については、来所したことの理由や動機付けは、問題が悪化したからなのか、顕在化したためなのか、積極的な取り組みを求めて来所したのか、連れてこられたのかなどを明らかにする必要がある。力動的定式化については、利用者の生活歴、生育歴、問題発生状況、現在の状態などの把握を通して、利用者本人や家族の人生における、生活上の問題の意味や位置づけを明らかにする。

■ ソーシャルワークの枠組み ■

人の理解の六側面

精神医学の見立ての概念枠を適用することにより、ソーシャルワーカーが経験的でなく、一定のアセスメント項目をもって支援を行っていることが理解できる。しかし、現実にはソーシャルワーカーはこれらの枠組みを意識して用いているとは言えない。

人は、社会のなかで生活しているが、その生活は多くのしがらみや限界のなかで展

図表11-6　人の理解の六側面

六　側　面	内　　容
心理的側面	気持ち，感情，葛藤，情動など
精神的側面	精神的症状，精神的障害，不安，恐怖，ストレスなど
物理的側面	経済的，物質的問題，住環境など
身体的側面	疾病，障害，食欲，嗜好など
社会的側面	人とのかかわり，関係作りなど
霊的側面	信念，死生観，宗教，価値観，儀式など

（福山和女作成）

開されている。しがらみには重みがあり、大きく幾重にも人々に影響を与える。そのしがらみは、心理的、精神的、物理的、身体的、社会的、霊的の六側面から生活に枠をはめる（図表11-6）。これらはちょうど、人のニーズに対応するものであることから、人の取り組みをこれらの側面に分類整理することで、人を真に理解することができると考える。

情報レベルと人の理解

次に、問題を抱えている利用者本人や家族から得る事実情報の種類によってその問題やその人の理解がどのように変化するかについて考えてみる。その情報のレベルは、点情報、点と線情報、点と線と面情報、そして立体情報である（図表11-7）。情報のレベルによってどのように人の理解が変化するのかを詳しく検討する。これによって、支援効果が予測できると思われる。

点情報レベル

利用者本人や家族から入手したものを個々の事実や情報としてとらえ、個々の情報にそれぞれ関係性をもたせず、ばら

図表11-7　情報レベルによる人の理解の変化

情報レベル	内　　　容
点情報	人の存在を点の集合体としてとらえる。 性別，年齢，場所，仕事，条件などの事実情報を個々ばらばらに入手し，その事実を一個ずつ額面どおりに完結したものとして活用する。 このレベルでは人がぼやけている。
点と線情報	点としての事実情報をそれぞれ関係付け，そこに見られる家族関係や対人関係，ネットワークを理解する。 人の存在を点と線の集合体として形や図柄として認める。
点と線と面情報	人が危機に陥っているととらえ，現在直面している問題状況や緊急・危機状況から救い出すことを考える。 人の問題がくっきりと具体的に見えてくるので，危機介入や問題解決志向で対策を練る。 援助者の判断で対処方法や対策案を提示する傾向がある。
すべてを含む立体情報	人の生活実態のなかで問題を位置づけ理解する。 これまでの取り組み過程や努力内容を把握する。 人を全人的に理解し，立体的存在として把握する。

（福山和女作成）

ばらに存在しているものとしてとらえる。たとえば、制度や法律に当てはまるかどうかの判定条件として支援計画に組み込む。このような情報に基づいて利用者を理解すると、その人の抱えている問題はあまり明確にみえず像としてもくっきりと浮かびあがることもない。その人の問題がそれほど深刻なものには思えないことがある。個々の情報を点在した状態で把握するので、利用者の抱えている問題についても援助者はイメージを自由に膨らませることができる。その意味では援助のための策を非常に容易に練ってしまう可能性もある。これは、夜空の星を自分勝手に星の集合体としてとらえ、さまざまにその形を思い描くことができることに似ている。点情報による理解では、個々の情報を見たままの額面どおりとらえることから、情報の重みや内容を考えない。だからこそ人やその問題がシンプルに見え、その存在さえも軽んじてしまうおそれがある。

点と線情報レベル

それぞれの事実情報を他と関連付けて理解しようとする。これは、人が抱える問題についても点情報のレベルよりもさらに内容のある理解になる。その結果、人や問題そのものはかなり明確になり、その像はくっきりと具体的に見えてくる。夜空の星と星をつなげるとそこに星座が形を持って現れるのと似ている。そのためこの問題に対する支援をどう展開するかについて具体的に対策を提案できる。特にその人の抱えている問題が具体的に見えてくるため、援助者としてはこれまでの経験から得たものを生かすことがより可能になる。利用者独自の問題というよりも、よくある問題として普遍的な対応になりがちである。

点と線と面情報レベル

人が直面している問題状況や危機状況に関する情報を断面として入手する。もちろん、点や線情報も面の上に置かれている。ちょうど、人の生活状況を面で切り取った断面図でとらえることである。そこで起こっているさまざまな問題の形や質や量が具体的に手にとるように見えてくる。特に、問題点についてははっきりと描けるほどであるため、点と線情報レベルよりもさらに具体的で即効性のある対策を講じることができる。これは、危機理論や問題解決志向の考え方であるが、その対策案は、断面での援助者側の判断に基づくため、利用者本人や家族がその場ではその提案を受け入れることが多い。日がたつと、状況が変化して、利用者本人や家族から考えが変わったことを理由に援助者の提案に対して断りの電話が入ることもある。

つまり即効性のある問題解決方法であるが、本来の継続性のある独自の解決方法ではないということになる。これは、利用者本人や家族を、危機に直面し無力になっているとして断面から人を理解をしたことから生じたものである。断面レベルの情報は問題点を明らかにするということであるが、一方利用者本人や家族の、独自の、個別の、これまでの取り組みの方法や考え方、能力を十分に理解するまでには至っていないと言える。その意味では重みやかさのある存在というよりも、紙のように薄い平面として「人を理解している」かのようである。言い換えれば、利用者本人や家族に対するエンパワメントができない状況にあると言えよう。

立体的情報レベル

情報を立体的に積み上げて利用者本人や家族について把握することで、これまでのその人たちの存在意義や価値、生きざま、取り組み努力を理解できるようになる。問題視されている生活行動に焦点を当てるのではなく、生活実体全体のなかのその人の問題の把握のしかた、位置づけかたを把握することで、利用者本人や家族の生きざまを理解することができる。その理解に基づき、援助・支援計画を立てることで、利用者本人や家族が地に足が付いた取り組みを継続できるようになると考えられる。また、少し補足することで彼らが自立した生活を維持できるようになる。つまり、利用者本人や家族を立体的存在として理解して、援助・支援を実践できるのである。

人の立体的理解――Cubical Perspective Approach (CPA)

ソーシャルワーク援助における見立てでは、利用者本人や家族を立体的情報レベルで把握すれば、それだけ現実的でしかも援助可能なサービスが提供できる。人の理解というものは平面的、断面的ではその存在を認めていることにはならない。問題点ばかりを列挙することだけでなく、その問題点の背後に埋もれているこの人たちの努力をなんとかして認めていくことが必要であろう。たとえば、右片麻痺という問題点があるとき、その背後の値打ちを見つけることが大切である。もし、右片麻痺の値打ちとして左手の機能が残っていると考えるなら、右片麻痺を認めたことにはならないだろう。これは、その麻痺の否認からの値打ちとなる。その人の右片麻痺の値打ちは、その人が麻痺した側の腕の役割、大切さ、価値を認めることから生まれる。リハビリテーションを受けている患者さんが、麻痺の右腕をいとおしみ、必死になって回復させようとしている姿をよく見るが、この患者さんに「よかったですね。左の腕が動かせて」といったなら、きっとその患者さんはこの言葉を慰めとして受けとめるだけで、自分の努力を理解してもらえていないと感じるだろう。

今年、ＷＨＯが、ＩＣＦ（国際生活機能分類）を提示して、ニーズ把握のしかたが変更された。これまでは、問題解決志向であったので、問題、すなわち、人ができていないところを列挙し、問題の優先順位をつけて解決することが援助であった。それが、能力強化理論（Strength Perspective）で、人のできているところをニーズと考え、その強化を援助の目標とすることになった。その意味では、立体的情報による理解では、その人のできているところ、努力しているところ、取り組んでいるところがアセスメントの対象になる。人はこのように認められて初めて、自分の力を発揮して生きていくための援助を受けているという実感をもつのではないだろうか。

注

（1）訓練の仕方については、福山和女『三次元の立体把握——役割システムアプローチの理解』ＦＫ研究グループ、一九九六年参照。

（2）成田善弘『セラピストのための面接技法——精神療法の基本と応用』金剛出版、二〇〇三年、二八〜四六頁。

（3）心理社会的アプローチとは、危機理論、役割理論、システム理論、自我心理学が組み入れられた介入方法である。一九七〇年の後半から現在に至るまで社会福祉援助技術の方法論として使われている。

第12章　二層のスーパービジョン体制の存在

1　スーパービジョン体制の現状調査

福山は日本におけるスーパービジョンの現状に関する実証的調査を三百人のソーシャルワーカーを対象に一九九四年と一九九六年に行った。(1)「ソーシャルワークにおけるスーパービジョンの機能は、スーパーバイザーの教育背景などの影響を受ける」、「スーパービジョンの機能はスーパーバイザーの教育背景などの影響を受ける」、「スーパービジョンの機能がスーパーバイジーの業務満足度、自律性、生産性を左右する」という仮説のもとに、特に、ソーシャルワークの役割遂行（業務満足度、自律性、生産性）と、スーパーバイザーの特性（専門的ソーシャルワークの教育背景、スーパーバイザーの機能について知覚された役割遂行、ソーシャルワーク研修体制の必要性）との関係について、歴史的、理論的背景を基盤にした質と量から調査したものである。

この調査では、スーパーバイザーとスーパーバイジーの役割行動と機能に焦点を当て、役割セット理論、マネジメント理論、社会化理論を使って分析している。

2 ソーシャルワーク・スーパービジョン体制が直面する課題

前述の調査の分析結果から明らかになった、ソーシャルワーク・スーパービジョン体制が直面しているいくつかの課題について述べる。

■ スーパービジョンの機関内体制と機関外体制の特性 ■

スーパービジョン体制の活用は、スーパーバイザーにとっても スーパーバイジーにとっても非常に重要である。日本では、スーパーバイザーとスーパーバイジーは所属組織内外で行われる二種類のスーパービジョン体制を活用している。

機関内スーパービジョン体制の特性

機関内、すなわち職場内のスーパービジョン体制はさまざまな形をとって行われている。ケース会議、スーパービジョン、コンサルテーション、ワークショップなど、その形態は、多くが、個別、集団、ないしは仲間間で行われている。職場内におけるスーパービジョン体制の主な機能は、ソーシャルワークの業務行動やサービスの質と量を向上させることであるが、組織全体の質を向上させる結果をもたらす(2)。しかし、スタッフの多くは、このスーパービジョン体制には無関心である。ソーシャルワークの日常業務や書類作成の多忙さ、時間的制約などの理由から、職場内のスーパービジョン体制がうまく稼動していない。別の理由には、職場内スーパービジョンを提供するうえでの、構造、方法論、技術に関する知識不足があげられる。

ソーシャルワーカーたちは、このようなスーパービジョンに対して不満を表明している。彼らは、職場内スーパービジョン・プロセスに参加することを単に義務と理解し、得られるものにあまり期待していない。この職場内スーパービジョンは指導や教育を目的としていることが多く、彼らは自主的にではなく、受け身で参加しているために、参加意欲が低迷した状態である。その意味では成果を十分にあげているとは言いがたい。

機関外スーパービジョン体制の特性

ソーシャルワーカーが所属する組織のスーパーバイザーの資質低下という問題を補うべく、職場外の個別スーパービジョンや、大小さまざまな集団スーパービジョンや、仲間同士で職場外研修などが行われている。日本では、全国社会福祉協議会が研修体制を確立しており、特に、職場外研修として位置づけ、厚生労働省との共催で実施してきている。公私にわたる研修センターのあらゆる機関も、スーパービジョンに関して多くのコースを開催するようになった。受講者に対してその有用性を調査（一九八四年）したところ、施設長の七十四パーセント、ソーシャルワーカーの七十六パーセントが有効であると答えたと報告されている。最近では、教育現場の業務時間内開講講座が現場ソーシャルワーカーたちに公開されるようになってきている。その意味で職場外スーパービジョン体制の利用は、自主的なものと、雇用者側の要請によるものとに分けられる。

こうした研修会は、組織的運営方針、技術、テクニックを含む方法論に関する最新の知識などを提供している。ソーシャルワーカー自身が、ソーシャルワーク専門職としてのより高い質を求めて参加している現状である。その一方で、このような外部研修で得られる知識は一般的なものが多く、現場実践からほど遠いものなので応用が難しいという問題がある。さらに、この種の研修体制を利用するうえで、研修時間の長さ、研修内容、開催場所、参加費なども問題としてあげられる。また、公費、私費のいずれの負担かによって参加効果に影響がでる。

■同質性・異質性スーパービジョン体制■

このように、日本では、機関内外の研修という二層スーパービジョン体制が稼動していることが明らかになったが、もう一つの二層構造が存在している。それは、ソーシャルワークという専門性の有無から分類できる二つのスーパービジョン体制である。それは、アメリカの教育分野においてみられた二層の体制と同じく同質性と異質性のスーパービジョン体制である（図表12-1参照）。すなわち、スーパービジョン体制の四軸構造という特性である。

日本では、ソーシャルワーク教育の大学・短大の社会福祉コースや、専門学校、専門職研修を修了し、加えて、社会福祉施設での勤務経験を持つ人が、国家資格を取得している。この国家資格は、雇用者がソーシャルワークの専門性を再評価するうえでの一定の基準を示すことになるが、職場でソーシャルワークの知識、価値、技術を持たないスーパーバイザーにスーパービジョンを受けて、有資格者がソーシャルワーカーとして即戦力を発揮しな

図表12-1　スーパービジョン体制の4軸構造

			スーパーバイジー	
			ソーシャルワーカー	他職種
スーパーバイザー	機関内	ソーシャルワーカー	同質性スーパービジョン	異質性スーパービジョン
		他職種	異質性スーパービジョン	同質性スーパービジョン
	機関外	ソーシャルワーカー	同質性スーパービジョン	異質性スーパービジョン
		他職種	異質性スーパービジョン	同質性スーパービジョン

（福山和女作成）

ければならないという問題がある。また、無資格のスーパーバイザーに、ソーシャルワーク業務のできるソーシャルワーカーとして有資格の部下を養成するという任を担わせている現実がある。

スーパーバイザーとスーパーバイジーの専門性の相違に関する問題について、W・ローウィとR・シールズの研究がある。[3]彼らは役割システム・アプローチを適用して、児童のケアに対するスーパービジョン関係プロセスを四つの局面に分析した。佐藤は、社会福祉法制度と教育機関との相互関係に焦点を当ててスーパービジョン体制のタイプについて考察し、ソーシャルワークの専門性の養成に対する教育機関の貢献を取りあげている。[4]彼は非社会福祉学者という用語を使って分析し、社会福祉専門性に対する非社会福祉学者の貢献について論じている。アメリカと日本においてソーシャルワーク・スーパービジョンを実践した経験から福山は、[5]スーパーバイザーがもつ文化に焦点を当て、スーパーバイザーのもつ特定の知識や専門性、方法論が、ソーシャルワーク領域のものか否かで、スーパービジョンを同質性と異質性に二分類した。

同質性スーパービジョン

同質性スーパービジョンの場合、スーパーバイザーは、スーパーバイジーと同じ専門性に立ち、同質の知識をもっている。たとえば、ソーシャルワーク分野で考えるなら、スーパーバイザーがソーシャルワークの知識を十分持っている人である。すなわち、スーパーバイザーはスーパーバイジーと同様に、ソーシャルワークの教育背景を持ち、加えて、スーパーバイザーは主に教育と指導の機能を果たす。また、この同質性スーパービジョンには所属組織内部と外部の二つのスーパービジョン体制が含まれている。

同質性スーパービジョンではほとんどのスーパーバイザーは、スーパーバイジーであるソーシャルワーカーと同様に直接援助業務に携わる傍ら、スーパーバイザーとしての立場を遂行している。その意味では、ソーシャルワークの教育的背景をもち、訓練を受けているので、スーパーバイザーとスーパーバイジー間のコミュニケーションの質と内容は、同種の概念枠に基づいたものである。スーパービジョンの目標は主に、スーパーバイジーの専門職アイデンティティを強化することに焦点が当てられ、十分に力量を持った熟練ソーシャルワーカーを育てることを目指している。この種のスーパービジョンはソーシャルワーク発展の歴史上、初期段階から使用されてきたといえる。

異質性スーパービジョン

異質性スーパービジョンでは、スーパーバイザーはソーシャルワークの知識をほとんどもたず、スーパーバイジーとは異なる専門的知識を持っている。この種のスーパービジョン機能は管理的である。スーパーバイザーはソーシャルワークの教育背景を持たないが、管理職として組織方針を決定する立場にある人がほとんどであり、彼らの職名は、医師、作業療法士、管理者、事務スタッフなど多様である。しかし、彼らはソーシャルワーカーの上司という立場にあり、スーパービジョンをする機能を持っている。

異質性スーパービジョンでは、スーパーバイザーはソーシャルワークの知識や専門性を持たないことから、上司役割など一連の管理的役割を遂行する。スーパービジョンの目標も、所属組織のソーシャルワーカーの業務行動を、効率よく効果的に遂行させることであり、スーパーバイザーはスーパーバイジーに運営管理的トレーニングをする。この種のスーパービジョンはスーパーバイジーに専門的なソーシャルワーカーとしての役割や業務行動を選定させ、専門家としての自律性を持った責任のある実践をするように求めるだろう。

■ 同質性・異質性スーパービジョン体制の効用と限界 ■

同質性スーパービジョン体制の効用と限界

同質性スーパービジョンは長期間にわたるソーシャルワークの専門性の伝承に効果的であり、ソーシャルワークの特定方法やアプローチの開発にも貢献できる。知識や専門性に幅広い類似性があることから、スーパーバイザーースーパーバイジー関係における相互コミュニケーションや理解を深めることができる。スーパーバイザー自身は、専門職としてのソーシャルワーカーの立場に関連づけて一連の役割行動をとるため、スーパーバイザーにとって所属組織内部の指導効果を測ることが可能になる。

しかし、同質性スーパービジョンには限界と負の要素も明らかにある。スーパーバイジーがスーパーバイザーに対して少しでも自律性を発揮し、スーパービジョンで異なる見解を述べると、スーパーバイザーはそれをスーパーバイジーの誤りとして問題視し、容易に認めようとはせず、押さえ込む傾向にある。その点でスーパーバイザーのレベル以上にスーパーバイジーが成長できない恐れがある。

要するに、同質性スーパービジョンでは、相違性より類似性に価値をおくという意味で、専門性を制限した狭いものになるかもしれない。スーパーバイザーが最も親しんでいる特定のアプローチや方法論に偏る可能性があり、スーパーバイジーは、抵抗、ストレス、葛藤、過剰統制を感じるという経験をするかもしれない。また、スーパーバイジーがソーシャルワーカーとして長期に働きたいと思っていない場合、スーパーバイジーは同質性スーパービジョンにフラストレーションを感じ、業務に関する自信を失うことになるかもしれない。もうひとつ不利点をあげると、スーパーバイザーが自分の持つ特定のアプローチや方法論を適用しようとすれば、スーパーバイジーは押しつけられた師弟関係のような居心地の悪さを感じるかもしれない。

また、所属組織外スーパービジョン体制の場合、スーパーバイザーが同質性スーパービジョンで指導や教育を行うので、スーパーバイジーがそれを職場に適用しようとすると、所属長や上司の持つ方法論と異なることから、葛藤を抱える可能性もある。

異質性スーパービジョン体制の効用と限界

異質性スーパービジョンには、それぞれの異なる専門性を交差させることで、スーパーバイザーはソーシャルワーカーとしてのスーパービジョンに別の視点を提供することができるという利点がある。また、クライエントに対するサービス提供の全責任をスーパーバイジーに委ねることになるので、スーパーバイジーは自律した能力を十分に活用できるため、フラストレーションも少ないと思われる。特に、スーパーバイザー側から支持を得られればスーパーバイジーにとって自信につながる。管理的タイプのスーパービジョンではスーパーバイジーに即戦力になるような新しい方法やアプローチに関する情報を提供し、訓練し、かなり普遍性の高いものを作りあげることができる。

しかし、組織内での異質性スーパービジョンの場合、ソーシャルワークスキルやテクニックをさらに向上させたいというスーパーバイジーの期待にスーパーバイザーが応えることができないため、スーパーバイザーの理解のなさが目立ち、フラストレーションになる。特に、スーパービジョンの教育的機能を望んでいる場合には、スーパーバイザーがソーシャルワークについて知識を持っていないことがスーパーバイジーの不満になり、スーパーバイザーに対して同質性のスーパービジョンを提供してほしいと切望する。

スーパービジョンについて考えるとき、日本におけるこの四軸のスーパービジョン体制の特性が、すなわち同質か異質か、また職場内部か外部かによって、スーパーバイジーの業務満足度、自律性、生産性に影響するのかどうかについて考察を加えなければならない。

3　文献調査でみる業務満足度、自律性、および生産性

日本のソーシャルワーク・スーパービジョン体制は複雑で、しかも効果や効率性を検証した研究は少ない。そこで、ここではソーシャルワーカーに対するスーパービジョンの影響を、スーパーバイジーの業務満足度、生産性、自律性を取り上げて考察する。

■ 業務満足度 ■

業務満足度は、具体的な業務活動の体験に対する反応として定義されている。業務活動とは、専門職としての役割遂行に必要な行為ないしは課題である。J・R・ハックマンとG・R・オールダム[6]は、スーパーバイザーの行動が部下の業務満足度に影響を与えるとしている。スーパービジョンによる影響要素に関しては、A・カドゥーシンの調査がある。[7]それによると、受けたスーパービジョンに対するソーシャルワーカーの満足度と、スーパービジョンのタイプとに関係性があると結論付けている。

D・バーガーとN・バターマンは、業務満足度に影響する他の要素として、報酬や昇進の機会、および労働条件だけでなく、管理タイプ、スーパービジョンの質、ソーシャルワーカーの自律性などの変数をあげている。[8]加えて、ソーシャルワーカーはスーパーバイザーや同僚から情緒的な支持を受けることで、彼らの業務を意義があるものと感じるとしている。荏原は、高齢者とその扶養家族に対するソーシャルワーク援助を行っているソーシャルワー

カーの業務満足度は、同僚のサポートやスーパービジョンや継続的研修を受ける機会に相関関係が見られると報告している。[9] B・B・バトラーは臨床での業務満足度の調査において、スーパービジョンと運営管理が業務満足度の重要変数になっていることを強調している。[10]

業務満足度は、ソーシャルワーカーのバーンアウトにも関連している。E・ロスは、ストレッサーが業務満足度に影響を与えることで、バーンアウトになっていると述べている。[11] これらのストレッサーのなかには、組織内の政策作りや意思決定に影響を与える役割の葛藤やあいまいさ、無能さ、スーパーバイザーや同僚からのサポートの欠如、上司や同僚との葛藤、自律性の欠如も含まれるとしている。

■自律性■

福山の日本におけるスーパービジョンの調査では、自律性が、明らかに異質性のスーパービジョンを受けているソーシャルワーカーのリーダーシップやケースマネジメントに関係しており、同質性のスーパービジョンを受けているソーシャルワーカー群と比較して、より強い関係がある。[12] すなわち、専門職としての自律性は、異質性スーパービジョンと関係性があるといえる。

自律性とは、専門的および組織的役割遂行能力であると規定し、具体的には状況や課題の認識・理解、判断のもとで計画作りや実践を行うこと、および他スタッフと協働することが含まれている。[13] 特に実践現場の状況や領域や明文化された規定が変化するとき、それに応じてソーシャルワーク専門職としての自律的行動が可能になる。ハックマンとオールダムは、自立性・自律性・自由裁量の程度が高まるにつれて、そのスタッフは、業務上の成功、不成功の自らの責任を遂行しようとし、彼自身の業務の成果として責任遂行義務をより受け入れようとすることを見出した。[14] B・ニュージボーレンもまた専門職にとって自律性は価値あるものであることを見出している。[15]

■生産性■

J・メリケルセックは、業務満足度が高い生産性を、長時間にわたり維持するための必要条件だとしている。[16] J・ビームスターボエールとB・H・バウムは、バーンアウトにより機関の生産性は機能低下をもたらすと述べている。[17] またS・スラービンは、生産性を業務遂行結果として定義し、対人援助の機関がビジネス分野と異なり、スタッフに生産性、効率性、合理性、責任遂行義務を果たすことを期待するとしている。[18] ハックマンとオールダムは、スーパーバイザーの行動（活動）は部下の生産性と業務満足度に影響を与えるとしている。[19] また、合衆国シビル・サービスコミッション（民間事業委員会一九五五年）によれば、生産性はソーシャルワーカーの士気に関連していると考えられた。

対人援助活動における生産性の質と量は、相談面接や援助活動やその他の管理的業務活動の時間によって測定できるとされている。[20] 生産性を測定するということは、本質的にはひとつのサービスあるいは生産物の入力量と出力量の関係を見ることになる。生産性を測定するものさしは、実際の遂行業務を見積もり、それに対応して取られる行動を、効率性という観点から図るものさしを作る必要がある。たとえば、実際に生産性を測るとすれば、その基準はサービスユニット、クライエント、その他の業務量で決まる。R・W・グリフィンは、一人のスタッフの平均日常生産性は、組織内業務の遂行量の基準になると言っている。[21]

生産性の根本にあるのはトレーニングである。直接生産性に貢献しうると考えられる専門教育が提供されることで、スタッフたちは新しい仕事に配置されてから訓練をされるよりもずっと早くに生産性を上げることができる。従業員は、所属組織が個人に関心を持っていることを感じたならば、より高い生産性を発揮すると言っている。

実際には、教育課程と生産性についての調査はほとんどない。他方、それぞれが説明責任を遂行し、組織全体にそれが行き渡れば、より多くのマネージャーがニーズに合わせて自分たちの部下の技術や経験やエネルギーや動機付けなどを活用でき、より生産性をあげると言っている。加えてソーシャルワーク分野では、スーパーバイザーはスーパーバイジーの生産性を見積もることができるよう養成されている。

ここでは、生産性の概念を、達成された課題や役割行動として定義する。日本のソーシャルワーカーの専門職としての遂行義務は、クライエントへのサービス分配に関する複数の役割行動を含んでいる。たとえば、クライエントへの援助、コンサルテーション、ネットワーキング、アドミニストレーション、ソーシャルワークの普及などがある。(22) 結果的には、ソーシャルワーカーが遂行すべき業務活動の総和を生産性として考えることができる。

以上のように、文献から、業務満足度・自律性・生産性を規定したが、実践現場では、スーパービジョン体制とこれらがどのように関連しているのかについて以下に述べる。

4 スーパービジョン体制の特性と業務満足度、自律性、生産性の関係

スーパービジョン体制の調査結果を示す。

(1) **組織外部スーパービジョン体制は研修も含めて、スーパーバイジーにソーシャルワークの基本知識と情報を提供していた。**

そこでは同質のスーパービジョンがなされていたといえる。研修コースやプログラムでは基礎情報を提供する傾向が見られたが、実践に応用できるようなレベルや内容のものは少なかった。すなわち、スーパーバイジーは所属組織の代表としてよりは、ソーシャルワークの専門的知識と技術を得ることを主目的に参加していた。

(2) スーパーバイザーとスーパーバイジーの両者ともにスーパービジョン業務行動を内部的研修システムに含めていなかった。

ほとんどのスーパーバイザーは、スーパーバイザーの役割セットを遂行しているにもかかわらず、自分たちはスーパービジョンをしていないと答えた。彼らのスーパービジョンの定義は非常に限定され、狭いものであった。その意味では、彼らの理想とするスーパービジョンのイメージは同質性スーパービジョンであると言える。また、スーパービジョンのタイプが異質である場合、スーパーバイザー・スーパーバイジー双方に不充足感があった。

(3) 研修に参加した人たちの職場では、公式にスーパービジョン体制を確立していなかった。

所属組織内部の研修プログラムがソーシャルワークのコンピテンシーと質の高い専門職を育成するのに効率的、効果的であると認めることもなく、証明することさえもしていなかった。また、職場内研修プログラムの目標は、現場の実践に応用しうるものでもなく、実践可能でもないような、ソーシャルワークの新しい知識や技術を紹介するにとどまっていた。

これらの現象が生じている理由の一つは、ソーシャルワークの専門性と教育背景を持っていない管理職が研修計画を立て、研修プログラムがソーシャルワークの専門性を持つスーパーバイジーのニーズに基づいていなかったことである。すなわち、研修企画者は、同質性スーパービジョン体制と異質性スーパービジョン体制のいずれが効果的であるかなども考えてこなかった。また彼らは、専門的知識の提供という形で、同質性スーパービジョン体制を強化することを意図しながら研修プログラムを計画したことが、異質性スーパービジョンを強化する結果をもたらしたことを認識していなかった。つまり、組織外で研修で得た専門的知識は、結局、組織内の上司のそれとは異なるものであり、職場で研修の知識を活用するとなれば、それは、上司と異質的スーパービジョン体制を形成する結果となる。

実践現場で見られた二層（同質・異質）のスーパービジョン体制の特性は図表12-2のように図式化できる。役割セット理論では、職位・職務にはそれらに付随する役割がいくつかあり、特定の役割セットが設定されているととらえ、人はその役割セットを遂行すると考えられている。スーパーバイザーとスーパーバイジーも、それぞれの立場からの役割セットを遂行している。

同質性スーパービジョンというのは、スーパーバイザーとスーパーバイジー双方がソーシャルワークの専門性を持ち、スーパーバイザーはその立場に属する役割セットの業務行動を遂行し、スーパーバイジーはスーパーバイザーのそれに類似した役割セットの業務行動を遂行する。

しかしスーパーバイジーが自律性を活用して業務行動を遂行しようとすると、スーパーバイザーはスーパーバイジーが遂行している役割セットが自分のものから少しはみ出していることを敏感にキャッチする。スーパーバイザーとスーパーバイジー間の役割セットの相違する部分が少しであるがゆえに、その部分がとても目立ち、スーパーバイザーはスーパーバイジーがしくじることを予測でき、それを防御しようとする。スーパーバイザーは自分の役割セットから出ないようにと、スーパーバイザー自身の専門性の枠内にスーパーバイジーを引き込む。このような努力をしてスーパーバイジーの役割セットを管理する。その結果、スー

図表12-2　二層のスーパービジョン

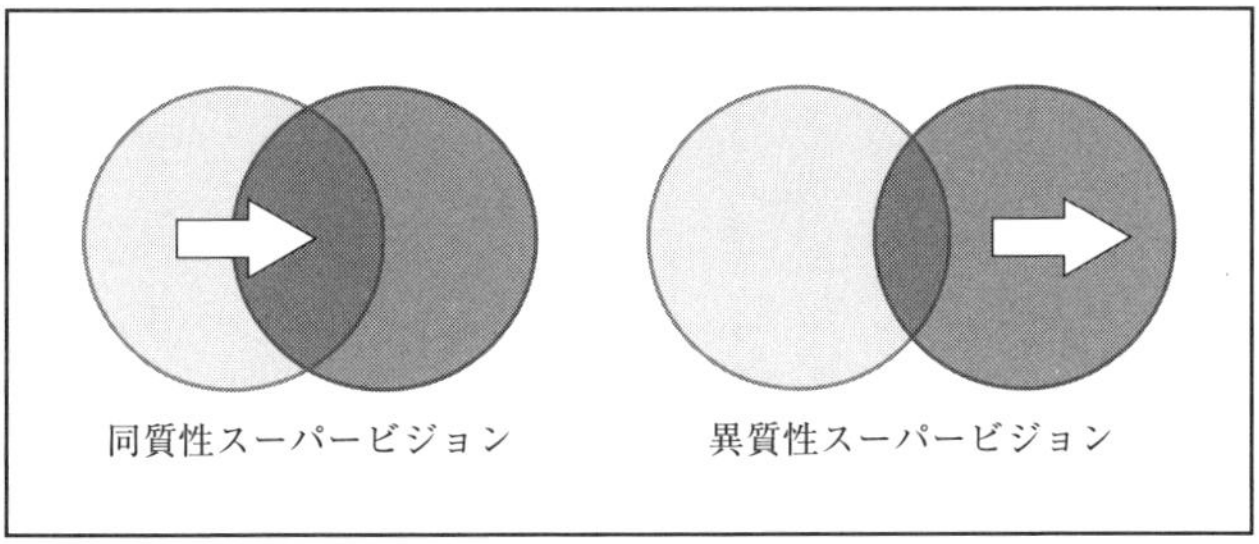

（福山和女作成）

パーバイジーは自律的な役割セットの業務行動を遂行できなくなり、自律性を発揮できず、業務満足度も低いものとなる。

一方、異質性スーパービジョンの場合、スーパーバイザーとスーパーバイジーは彼らの専門性が異なるがゆえに、彼らの役割セットに含まれる活動の共通項は非常に狭いものとなる。スーパーバイザーはソーシャルワークについての知識や情報を持っていないことを認めることにより、この小さな共通項を尊重し、スーパーバイジーにスーパーバイザーとは異なる役割セットの業務遂行をする自由を与える。結果的にスーパーバイジーは自律的役割を遂行し、業務行動に満足を感じることになる。

5 三つのスーパービジョン機能（教育、管理、支持）についての考察

調査では管理機能を遂行するスーパーバイザーは、スーパーバイジーを依存的にさせる傾向があったが、他スタッフとよくコミュニケーションをとり、外部研修プログラムにも頻繁に参加するスーパーバイザーの下では、スーパーバイジーの自律性はより高くなることが判明した。

また、スーパーバイジーはスーパーバイザーの管理機能よりも教育機能やサポート機能を欲し、このようなスーパービジョンがより役に立つと考えている。しかし、スーパーバイザーに期待する教育機能は、スーパーバイジーによって非常に多様である。むしろ、管理機能のほうがスーパーバイジーにとっても明確かつ具体的なイメージでとらえられていた。

一方、スーパーバイザーが教育機能と管理機能をほぼ同程度に遂行したと主張したのに比して、支持機能については大半のスーパーバイザーが頻繁に遂行していた。特に支持機能については、スーパーバイザーが部下の不平に

耳を傾けるものであるとして、スーパーバイジーに広くあいまいに認知されていた。一方、支持を得られるものとして、他職種のスタッフとのコミュニケーションがあげられていたことが興味深い。このことから、スーパーバイジーは、ソーシャルワークの専門職としてよりも所属組織の一員として、役割セットを遂行することを求めていたと言える。

6　スーパーバイジーの業務満足度と自律度についての考察

スーパーバイジーは満足度の概念を広範囲なものとして認知していたので、彼らの満足度を全般のものとして判定することはできなかった。一方、遂行した業務に対する満足度は明確に判定することはできた。スーパーバイジーは、よいマネジメントや他のスタッフとのチームワーク、業務達成、あるいは個人的な見解や考え方に貢献する力に満足感を抱いていた。この結果を考察すると、ソーシャルワーク専門職の立場というよりも、組織スタッフの一員としての立場に属する役割セットの遂行に、より満足感を抱いていたと言える。

(1)　スーパーバイザーが業務わりあてやサービス分配などの機能を果たすと、スーパーバイジーの業務満足度が下がる傾向にあった。

スーパーバイジーは、所属組織のスタッフとしての役割セットを遂行することに満足を感じている一方で、ソーシャルワーク専門職の役割セットを遂行することを強く切望する傾向にあった。この傾向はスーパーバイジーにとって、組織の一員すなわち被雇用者として、また自律性の高い専門職としての役割セットを遂行することに対してのジレンマがあることを示していた。

(2) スーパーバイジーの特性は自律性の側面で見受けられた。

スーパーバイジーはリーダーシップや判断を遂行するとき、自律性の感覚をあまり持たない傾向にある。すなわち、業務遂行と決定方針の独自性を活用できたときには、スーパーバイジーは自律の感覚を持てるのかもしれない。スーパーバイジーは自律の範囲を非常に広く、しかも現実的には所属組織から求められている責任を遂行することとして捉えている。しかし、スーパーバイザーとスーパーバイジーとの間での自律性の範囲とレベルはあいまいであった。これは自律性が、組織のマネジメントと関係するものとして認知されていることを示している

(3) 生産性に関して、ソーシャルワーカーの日常業務行動の総数に大きな相違が見られなかった。

スーパーバイザーの取得学位が高く、所属組織内部の研修への参加度が高い場合、スーパーバイジーは生産性が低い。逆に、スーパーバイザーが外部研修プログラムに組織の代表として参加すれば、スーパーバイジーが高い生産性を示した。つまり、スーパーバイザーのソーシャルワーク専門性の有無にかかわらず、スーパーバイザーが新しい情報や知識を得ることはスーパーバイジーの生産性を向上させるうえでの何らかの刺激となっているといえる。

スーパーバイジーの自律性と業務満足度に関する問題は、専門職としての未熟さ、自信のなさ、また面接技術の習得の不足に起因している。一方、スーパーバイザーは、スーパービジョンの質が低いことや専門性のないことについて自身を責める。しかし、スーパーバイザーにもスーパーバイジーにも役割セット理論を適用し、その立場、役割セット——すなわち、専門職であるソーシャルワーカーとして、また組織の一員として働くことの業務遂行——を明確にすれば、スーパービジョンが有効に稼動することが明らかになった。

(4) 二層のスーパービジョン体制、すなわち同質と異質のタイプが日本のソーシャルワーク領域において現存していることが明らかとなった。

調査では、スーパーバイザーもスーパーバイジーも、ソーシャルワーカーとして、所属組織の一員と専門職の立場という二層の役割セットを遂行するうえで混乱が生じていることを認識していなかった事実が理解できた。彼らは、特定のタイプのスーパービジョンのみが効果を出すと考えて、同質性スーパービジョン体制の専門職としての立場の特性から来る役割セットを遂行しようとしていたので、もうひとつの異質性タイプのスーパービジョン体制におけるスーパーバイザーあるいはスーパーバイジーの役割行動の遂行に対しては非常に批判的であった。ソーシャルワーカーたちはもうひとつの理想的なスーパービジョン体制を求めるよりは、スーパーバイザーとスーパーバイジーが現在のスーパービジョンそのものの効果を向上させうることに気づく必要がある。また、たとえば、自律性を高めるとか業務満足度を高めるなど、スーパービジョンの目標にもよるが、スーパーバイザーとスーパーバイジーはスーパービジョンの機能を選択し、必要に応じて研修プログラムの効果を補足することが必要である。特に、コンサルテーションを受けることで教育機能を補充することができ、異質的スーパービジョンであっても、十分に効果を上げることができる。

(5) スーパーバイジーの生産性に対するスーパーバイザーの影響と、またスーパーバイザーないしスーパーバイジーのソーシャルワーク学位の取得は、スーパーバイジーの役割遂行にはまったく関連性が見られなかった。

一般に、スーパーバイジーの教育背景が福祉に限らずどの分野であっても、高い学位を取得していれば、それだけ業務における自律性は高いとされている。この調査結果に基づいて以下のように整理する。社会福祉領域の現状では、スーパーバイザーは、スーパーバイジーが所属組織のなかで専門職として認知され、研修を受ける機会を与えられ、力量を発揮し、さらに向上できるように支援することが求められている。その意味でも、スーパービジョンを行うことに意義があり、その必要性を認めなければならない。すなわち、スーパービジョンを受けることにより、スーパーバイジーが専門職として成長できれば、スーパーバイザーが果たした役割の効果測定ができたことになり、スーパーバイジーが今後スーパーバイザーになっていくためのよいモデルを学習することにもなる。その意味では、スーパービジョンはスーパーバイザーの「社会化」のプロセスを実感することであり、スーパーバイジー自身が自分の専門性の価値を認識するうえで有効な方法であり、プロセスであるといえる。

7 スーパービジョン体制と今後の課題

日本に四軸のスーパービジョン体制が存在し、ほとんどが異質スーパービジョンという特性を示していることが明らかになった。スーパーバイジーは、所属組織内外の異質性・同質性スーパービジョンの効用と限界を理解することが重要である。ソーシャルワーク専門職の発展過程に関連させて、異質性・同質性スーパービジョンの貢献をみたところ、日本のソーシャルワーク分野における現実を明確にすることができた。スーパービジョンに関する問題解決は非常に難しいが、役割セットの適用がこれらの問題を解決する何らかの手がかりを提供する可能性が示された。特に理論は、役割と立場と業務行動を関連付けることと、業務満足度、自律性、生産性を測ることを可能にした。これらの課題は、特に目に見えない業務の専門性の質を向上させようとしているソーシャルワーカーにとって非常に難しかった。しかし、スーパーバイザーとスーパーバイジーはそれぞれの役割を明確に反映させている。自律性が専門職の役割、行動、覚知、評価からなるということも明らかとなった。業務満足度は測定しうるものであった。これらの主要な変数は操作可能なものと理解したので、スーパービジョンの理論的考察は日本のソーシャルワーク・スーパービジョンの更なる発展に寄与すると思われる。

今後の課題として、外部ソーシャルワーク研修の発展で補足すべきこと、すなわち修士および博士課程などの教育組織が行う継続研修やトレーニングプログラムと、行政の研修センターが継続的、一時的に企画する研修体系とを連動させ、協働して効果的活用について明らかにする必要がある。

また、専門職の発展、特に組織外の契約専門職がスーパーバイジーの職場に対してスーパービジョン・プログラムや企画を提供することに関して、別の角度から効果を再評価しなければならない。その意味ではスーパービジョンのさらなる調査が必要である。スーパーバイザーとスーパーバイジー間の特性の相互作用は、スーパーバイジーの生産性、自律性、業務満足度に影響を与えるものであり、影響要因と教育機能、自律性、満足度、生産性等の概念を明らかにする必要がある。これらの概念は殊にあいまいで、特定の規定もされずにソーシャルワーク実践で用いられてきた。スーパーバイジーの専門性の遂行を強化するために、スーパーバイザーは雇用組織の内外で行われる現行の研修プログラムやワークショップの評価をすることが求められる。

日本では、効果的なスーパービジョン体制を確立するためには、まず有能で資格のある専門性の高いソーシャルワーカーを組織や機関の常勤職として雇用することである、といわれてきた。しかし、いろいろ弊害はあるものの、今のところ異質性スーパービジョン体制の活用が、ソーシャルワーク専門職の質を向上させるのに最も効果的で、現実的な方法であることも明らかになった。スーパービジョン機能の意義とその機能の重要性はソーシャルワーカーたちによって十分に理解され、認められてきたが、雇用組織内部と外部の研修体制の課題を体系化および分類化することはいまだ不十分である。しかし、構造、枠組み、知識、方法などについてスーパービジョンを再考することが、効果的なスーパービジョン体制を確立するために必要と思われる。

8 スーパービジョンとコンサルテーションの補完活用

ソーシャルワーカーには、うまくバランスを取りながら専門家として支援活動をすることが求められる。このソーシャルワークの支援活動は、職場内のスーパービジョンと職場外のコンサルテーションとによってバックアップされて始めて成り立つものである。ソーシャルワーカーとしての自立性と自律性の維持強化は、これらの二つの体制が補完しあって可能になると確信する。

所属組織内外の異質性スーパービジョン体制をコンサルテーションとして活用することにより、コンサルテーションの有効利用ができ、スーパービジョン体制を補完できると考える。M・A・ブロークンノーズ[23]は異文化間家族支援における外部者としての視点について、「その地域の住民である個人が持っている専門知識は、別の文化にいるセラピストが持っている知識と同じくらい重要であると考えられる」という立場から、ひとつの文化を学ぶ最適な方法はその地域の人々に直接触れて、そこから情報などを得ることが重要だと述べている[24]。また、異国の人々への援助に関心を持ち、異国の人に対して援助の意図を持ってコンサルテーションをするならば、その人たち自身の文化を威嚇するような対応を避けることができるという。両者の文化を尊重することとは、「侵害せずに協働すること」すなわちコンサルテーションが可能だということである。これは、現存の所属組織の外部者から同質のスーパービジョンを受ける場合に適用できる。これをスーパービジョンと考えないで、コンサルテーションを組織の外部者から受けると考えてみる。つまり、組織内部者から異質のスーパービジョンを受けており、それに積み上げる形で、この同質の専門性をもった外部者からコンサルテーションを受けるのである。コンサルテーションを受けるときは、その人の持つ文化を尊重して協働する。コンサルテーション効果や的確さを評価するには、相手方の領域を侵害しているかどうかをチェック項目に入れる必要があると言える。

B・H・ゴットリーブは、人が一人前になるプロセスに与える影響について、ソーシャルサポートのレベルと発達課題の達成レベルとの関係性が大きいと述べている。(25) この関係性で考えると、活躍している専門家からソーシャルサポートを十分に受け取れば、その人はソーシャルワークの専門職として育ち、他の専門職から認知されるようになる。その結果、ソーシャルワーカーは専門職として高いレベルの発達課題を達成することが可能になると言える。

組織外のスーパーバイザーがスーパービジョンを行う場合がある。しかし、組織内の秘密保持、および責任体制という点から、外部のスーパーバイザーにスーパービジョンを依頼することには制約が伴う。

このような限界から、外部の専門職に「コンサルテーション」を依頼するほうがより実際的と言える。この形態では、外部のコンサルタントが組織との契約に従い、組織内の管理業務に責任を持たないという立場をとり、専門家養成のために協力をする。このような取り組みが、日本のソーシャルワーク・スーパービジョン体制の科学的評価の第一歩となるだろう。

四軸のスーパービジョン体制の効果はそれぞれ異なるので、ソーシャルワーカーには職場内外のスーパービジョン研修の効果性や適切さを評価し、選定するための能力と自律性が求められる。日本における最適で建設的なスーパービジョン体制構築の実現には、社会福祉の現場実践と理論研究の協働体制の稼動が最優先課題であることをここに提案する。

注

(1) Fukuyama, K., *Influences of Selected Characteristics of Professional Supervision on Job Satisfaction, Productivity and Auton-*

omy of Professional Social Workers in Japan, A Doctoral Dissertation, National Catholic School of Social Service of The Catholic University of America, 1998.
(2) 福山和女『スーパービジョンの理論と実際』全国社会福祉協議会、一九九六年。
(3) Rowe, W. & Shields, R., A supervisory model for child care, *Child Care Quarterly,* Vol. 14, No. 4, 1985, pp. 262-272.
(4) 佐藤進「今日の社会福祉研究の課題——社会福祉法研究との国際的側面からの考察をとおして」『社会福祉学』第三三号、一九九二年、一〜二〇頁。
(5) Fukuyama, K., *op. cit.,* 1998, pp. 141-147.
(6) Hackman, J.R. & Oldham, G.R., *Work redesign,* Addison-Wesley Publishing Company, 1980.
(7) Kadushin, A., *Supervision in social work,* Columbia University Press, 1976.
(8) Bargal, D. & Buterman, N., Career outcomes among medical vs. family service social workers in Israel, In *International perspective on social work in health care,* The Haworth Press, 1997.
(9) 江原勝幸「高齢者及び依存性の高い成人の虐待を取り扱うソーシャルワーカーの職務満足度に関する一考察・カリフォルニア州サンタクララ郡成人保護サービス機関に所属する虐待専門援助者の意識調査を通して」『社会福祉学』第三九−一号、一九九八年、二四四〜二五九頁。
(10) Butler, B.B., Job Satisfaction : Management's continuing challenge, *Social Work,* 1990, pp. 112-117.
(11) Ross, E., Preventing burnout among social workers employed in the field of AIDS/HIV, *Social Work in Health Care,* Vol. 18, No. 2, 1993, pp. 91-108.
(12) 福山和女「スーパービジョン研修の現状と課題」『ソーシャルワーク研究』第一九巻第三号、一九九二年、一七四〜一七九頁。
(13) 同前書。
(14) Hackman, J.R. & Oldham, G.R., *op. cit.,* 1980.
(15) Neugeboren, B., *Organization policy and practice in the human servises,* Longman, 1983.
(16) Melichercik, J., Job satisfaction among social workers, *The Social Worker,* Vol. 48, No. 4, 1980, pp. 157-161.
(17) Beemsterboer, J. & Baum, B.H., "Burnout" : Definition and health care managers, *Social Work in Health Care,* Vol. 10,

No. 1, 1984, pp. 97-109.
(18) Slavin, S. (ed.), An introduction to human services management. In *Social administration : the management of the social services 2nd ed.,* Vol. 1, 1985.
Slavin, S. (ed.), Managing finances, personnel and information human services, In *Social administration : the management of the social services,* 2nd ed., Vol. 2, The Haworth Press, 1985.
Solomon, B.B., Private and public sector managers : An empirical investigation of job characteristics and organizational climate, *Journal of Applied Psychology,* Vol. 71, No. 2, 1986, pp. 247-259.
Solomon, B.B., Human development : Sociocultural perspective, In *Encyclopedia of social work* 8th ed., Vol. 1, National Association of Social Workers, 1987, pp. 856-866.
(19) Hackman, J.R. & Oldham, G.R., *op. cit.,* 1980.
(20) Heyman, M., A study of effective use of social workers in a hospital : Selected findings and conclusions, *Social Service Review,* Vol. 35, 1961, pp. 414-429.
(21) Griffin, R.W., Perceived task characteristics and employee productivity and satisfaction, *Human Relations,* Vol. 35, No. 10, 1982, pp. 927-928.
(22) 福山和女ほか「コンサルテーション体験の有効性について」『医療社会事業従事者講習会報告書』第八巻、東京都衛生局、一九九一年。
(23) BrokenNose, M.A., Families in society, *The Journal of Contemporary Human Services,* Vol. 73, No. 6, 1992, pp. 380-384.
(24) *Ibid.,* p. 382.(福山和女訳)
(25) Gottlieb, B.H., Preventing intervention involving social networks and social support, In Gottlieb, B.H. (ed.), *Social networks and social support,* Sage Publications, 1981.

参考文献(第8〜12章)

荒川義子編著『スーパービジョンの実際』川島書店、一九九一年。

福山和女『スーパービジョンとコンサルテーション』FK研究グループ、二〇〇〇年。
福山和女「ソーシャルワークのアセスメントに焦点をあてて」『家族療法研究』第二一巻第二号、二〇〇四年、六九～七四頁。
Harkness, D. & Poertner, J., Research and Social Work Supervision：A Conceptual Review, *Social Work*, 1989, pp. 115-118.
金子和夫「福祉マンパワーの現状と課題：保健・医療・福祉マンパワー対策本部中間報告とマンパワーの確保」『社会福祉学』第三三巻、一九九二年、四五～六三頁。
Mckean, R.C. & Mills, H.H., *The supervisor*, Center for Applied Research in Education, 1964, pp. 1-13.
Merton, R.K., *On theoretical sociology*, Free Press, 1967, pp. 40-45.
Nadler, L., *The handbook of human resource development*, John Wiley & Sons, 1984.
大塚達雄『ソーシアルケースワーク――その原理と技術』ミネルヴァ書房、一九六〇年。
對馬節子「社会福祉におけるスーパービジョンの今日的課題――スーパービジョンの効果についての考察」『社会福祉研究』第六一巻、一九九四年、二八～三四頁。

〔著者紹介〕（重複部分は共著）

對馬 節子（つしま・せつこ）

第７章・第８章。

FK研究グループ研究員。

萬歳 芙美子（ばんざい・ふみこ）

第１章・第２章・第８～12章。

現在，ルーテル学院大学大学院付属包括的臨床死生学研究所研究員，精神保健福祉士。

荻野ひろみ（おぎの・ひろみ）

第１～７章。

現在，文教町クリニック・カウンセラー，精神保健福祉士。

〔編著者紹介〕

福山 和女（ふくやま・かずめ）

はじめに・第１～12章。

現　在　ルーテル学院大学名誉教授・同大学院附属包括的臨床コンサルテーションセンター長。

1970年　同志社大学大学院文学研究科社会福祉学専攻修士課程修了。

1977年　アメリカ　カリフォルニア州立大学バークレー校公衆衛生学修士課程修了。

1998年　アメリカ　カソリック大学大学院社会福祉学部博士課程修了（社会福祉学博士 DSW）

主　著『心理臨床としての家族援助』（共著）金剛出版，2001年。
『家族評価』（監訳）金剛出版，2001年。
『統合的短期型ソーシャルワーク』（共監訳）金剛出版，2014年。
『スーパービジョンインソーシャルワーク』（監修）中央法規出版，2016年。

MINERVA 福祉専門職セミナー⑭

ソーシャルワークのスーパービジョン

人の理解の探究

2005年８月30日　初版第１刷発行　〈検印省略〉

2019年７月30日　初版第９刷発行

定価はカバーに
表示しています

編著者　福　山　和　女

発行者　杉　田　啓　三

印刷者　中　村　勝　弘

発行所　株式会社　ミネルヴァ書房

607-8494 京都市山科区日ノ岡堤谷町１

電話　(075)581-5191（代表）

振替口座　01020-0-8076 番

中村印刷・清水製本

ISBN978-4-623-04416-0

Printed in Japan